上海市人民政府发展研究中心 | 博士后文库

新时代上海产业结构升级问题研究

黄佳金 著

Research on the Upgrading of Shanghai's Industrial Structure in the New Era

格致出版社 上海人民出版社

目　录

第1章 绪 论

从工业革命开始，大量人口向城市迁移，尤其在二战后，随着全球经济的不断发展，人口、劳动、生产进一步向城市集中。1950—2016年，世界城市人口从7.32亿增加到40.27亿，全球已经有超过一半的人口生活在城市。同样的过程发生在改革开放后的中国，截至2016年底，中国的城市化率已经达到57.4%。工业化和城市化两者相辅相成，其核心就是由城市（尤其是核心大城市）的产业结构升级所带动的整个国家的经济增长、人口流动和产业结构升级。

中国当前正经历"调结构、促转型"的新常态，而产业结构升级受阻、人口及结构禀赋消退正是这一轮新常态的起点。当下着力推进的供给侧结构性改革等措施均是对结构的再调整，用改革的办法来推进产业结构升级，减少无效和低端供给，扩大有效和中高端供给，增强供给结构对需求变化的适应性和灵活性，提高全要素生产率，特别强调科技创新对发展的驱动力。

转向高质量发展阶段是新时代中国经济发展的基本特征，大城市的产业结构升级将对整个国家经济发展的质量、效率、动力变革起到关键性的引领和带动作用。高新技术产业、高等科研院校、功能型服务业高度集中于大城市，科技创新、科技成果转化频频发生于大城市，只有城市产业结构实现升级，率先建成实体经济、科技创新、现代金融、人力资源协同发展的产业体系，才能推动中国现代化经济体系的建立。

作为改革开放排头兵和创新发展先行者，上海必须深入贯彻落实新发展理念，制定实施创新驱动发展规划，不断完善创新驱动发展政策，稳步提升经济发展的质量，不断改进效率，持续增强动力，使创新驱动经济高质量发展走在全国前列。

1.1　城市产业结构升级的文献综述

当前对城市产业结构升级的研究正受到越来越多的关注，相关研究数量近年来不断增加。需要指出的是，城市产业结构升级是一个跨学科的研究领域，有学者从经济学的角度进行研究，也有学者从地理学角度进行研究，还有学者从经济地理学、环境科学的角度开展研究。随着科技创新对产业结构升级的作用日渐重要，还需要学者对科技和创新有更深入的了解。

1.1.1　研究城市产业结构升级的重要议题

我们首先对城市产业结构升级的相关文献进行数据挖掘和分析，探究城市产业升级研究领域的知识基础和未来趋势。国外的研究以 Web of Science(WOS)核心合集(1995—2017 年)为数据源，以"City Industrial Development"为题名在英语期刊中进行检索，共获得文献 2 137 篇(检索日期 2018 年 10 月 1 日)。通过 Citespace 软件，对所得文献进行关键词共现分析。

根据关键词网络共现分析(如图 1.1 所示)，国外"城市产业结构升级"研究主题主要集中在经济发展(economic development)、集聚(agglomeration)、竞争(competition)、集群(cluster)、生产率(productivity)、知识(knowledge)、创新(innovation)、文化产业(cultural industry)和创意产业(creative industry)等方面。

国内相关文献以中国知网(CNKI)的核心期刊和 CSSCI 为数据源，

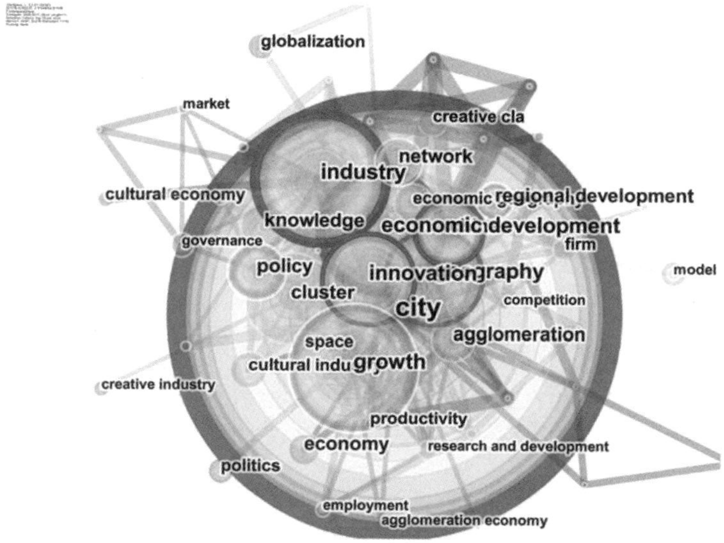

图 1.1　WOS "City Industrial Development"研究领域研究主题共现网络

以"城市产业结构升级"为题名进行检索，共获得文献 221 篇(检索日期 2018 年 10 月 1 日)。通过对相关文献发表数量的年份分析(如图 1.2 所示)，我们可以看到对于城市产业结构升级的相关研究总体而言数量并不多，但出现逐渐增加的态势，并在 2018 年达到 37 篇，城市产业结构升级已经成为学者们越来越关注的话题。我们进一步用 Citespace 软件对文献数据进行关键词共现分析(如图 1.3 所示)，发现相关研究主要集中在"经济增长""产业集群""空间结构""空间溢出效应""城市群"等方面，选用的方法有"耦合关系度""主成分分析"等。

通过对相关文献的数据挖掘和分析，可以发现研究城市产业结构升级的重要议题和评价标准是"经济发展"和"劳动生产率"的提高。众多学者都指出，在人口密度大、经济活动密集的大城市中，企业和劳动者的生产效率更高，人口密度与城市生产率之间的这种正相关关系被称为"大城市生产率优势"。

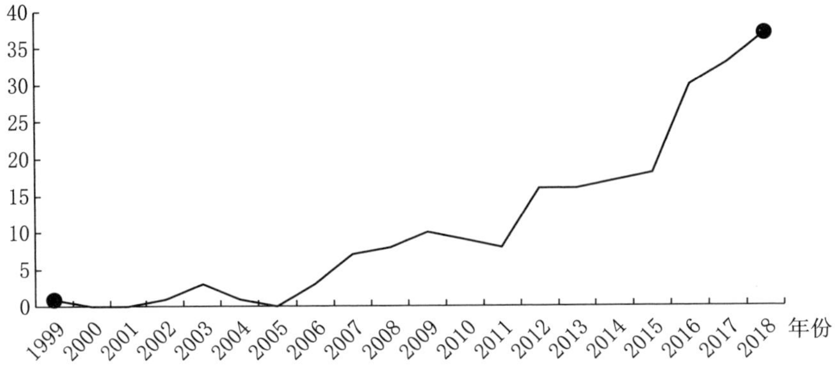

图 1.2　以"城市产业结构升级"为主题发表的论文数量

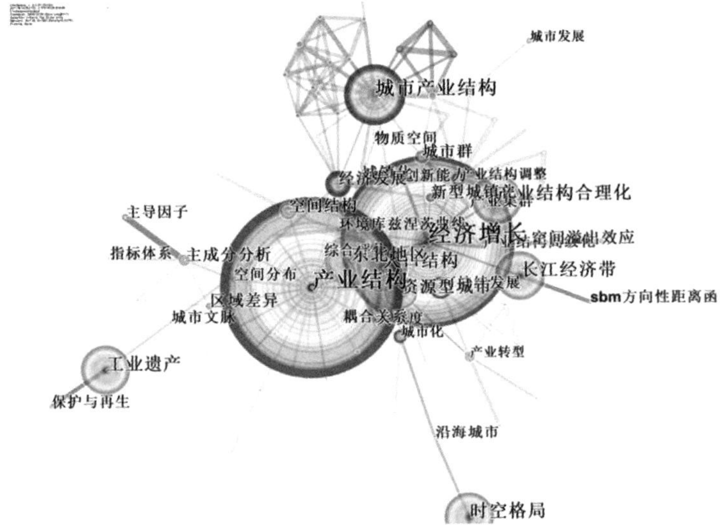

图 1.3　CNKI"城市产业结构升级"研究领域研究主题共现网络

1.1.2　产业结构升级的普遍驱动因素

对于推进产业结构升级的内在动力，理论界认为主要存在两种效应：一是收入效应，二是由劳动生产率变化所引致的消费品价格变化的价格效应。此外，国际贸易、流通成本的下降和人才流动性的提高都能推动产业结构升级。

1. 收入效应驱动产业结构升级

随着收入增加，人们有更多的选择权去追求更好的产品和更优质的服务。需求的变化推动产业结构升级，为消费者提供质量更好的产品和更能满足人性需求的服务。Kongsamut 等(2001)是较早构建相关模型的学者，该模型在达到一般均衡增长路径(generalized balanced growth path)时，符合卡尔多事实(Kaldor facts)，劳动力在均衡状态下会发生部门间转移。在该模型框架下，经济结构转型的驱动力来自收入效应。此外，Echevarria(1997)，Foellmi 和 Zweimueller(2008)，以及 Boppart(2011)对效用函数进行了不同程度的扩展和变化，以解释收入效应对于产业结构转型的影响。

2. 部分产业劳动生产率提高驱动整体产业结构升级

部分产业劳动生产率的提高将带动该产业在人员雇佣、薪酬支付等方面的变化，引起劳动人口在不同产业之间的转移。同时，部分产业劳动生产率的提高将增加该产业的国际竞争力，带动上下游产业的发展，促进整体经济结构的调整，提高整体经济的劳动生产率，实现产业结构的优化升级。Ngai 和 Pissarides(2007)建立了一个多部门的经济增长模型，其假设不同部门之间的 TFP 增速不同，在经济增长达到均衡状态时，劳动力会在不同部门之间流动，使得经济体发生产业结构升级。该模型的运行机制是不同产业全要素生产率(TFP)增长后，不同产品相对价格的变化导致产业结构升级，并指出产业结构升级对经济增长率有着较为显著的影响。

3. 国际贸易能推动产业结构升级

很多学者对只有家庭、厂商和市场的基础模型进行了扩展，把更多对经济结构转型有重要影响的因素加到原有的模型中。Matsuyama(2009)是第一个将国际贸易引入两国模型的学者，他指出，如果工业部门有技术进步，那么两个国家工业部门的劳动力数量就会下降，推动产业结构的变化。如果其中一个国家的工业部门技术进步速度更快，那么进步更快的国家的工业部门劳动者数量会增加，而进步慢的国家的劳动者数量会相对减少。Yi 和 Zhang(2010)建立了一个更一般的模型：一个国家工业部门的高生产率会使该国的劳动者数量和产业增加值变化经历驼峰形状，而其他国家的劳动者数量和产值都会下降。

4. 流通成本下降促进产业结构升级

如果经济的对外开放程度对结构转型有影响，那么国内货物的流通成本对结构转型也会产生影响。尤其是对发展中国家而言，农产品在农村生产，工业品在城市生产，为满足两地的消费者需求，农村和城市之间的交通便利程度就很重要。Herrendorf 等(2012)研究了美国内战前交通的变化所带来的影响。他们建立了一个包括两个地区(中西部、东北部)、三个部门(农业、制造业、服务业)的模型，发现交通成本的下降使土地肥沃的中西部有更多农场，并使农业部门的劳动者数量下降。

5. 劳动力的流动性提高能促进产业结构升级

另一个对经济结构转型产生重要影响的因素是劳动力的流动性，Lee 和 Wolpin(2016)研究了美国 1968—2000 年劳动力从制造业向服务业的转移，衡量了产业间劳动力转移的成本和劳动力需求和供给对于劳动力转移的影响。研究发现，对劳动力的需求是促进劳动力部门间转移的主要因素。同时，新加入职场的劳动者对于部门间劳动比例变化的影响也很重要。Kim 和 Topel(1995)研究发现，在韩国快速工业化时期，农业部门和工业部门的劳动者数量发生重大变化的主要原因是新进入劳动力市场的劳动者引起的。严格的劳动者保护政策将妨碍劳动者从工业部门向服务业转移(Nickell, et al., 2002)。

1.1.3 城市产业结构升级的主要机制

对城市产业升级机制的研究主要集中于集聚效应、竞争效应和产业集群等。

1. 城市的集聚效应提高劳动生产率

关于集聚经济(agglomeration economics)对地区生产率的影响,已有研究从各个方面进行了探讨。就集聚的行业特征来看,集聚经济主要分为地方化经济(localization economics)和城市化经济(urbanization economics)。地方化经济即马歇尔外部经济,主要为同一产业内经济活动的集聚(Glaeser, et al., 1992)。城市化经济即雅各布外部经济,Jacob (1969, 1984)认为大城市生产率的优势来源于多样化产业的知识外溢,促进了企业的创新和技术进步。

2. 城市的竞争效应促进优胜劣汰

竞争效应也称为选择效应,主要是指激烈的市场竞争导致企业优胜劣汰,也被认为是大城市生产率占优势的原因。在经济活动密集的大城市中,企业间的竞争程度更加激烈,优胜劣汰的市场机制使低效率的企业退出市场,只有效率较高的企业才能在市场上生存下来。

3. 产业集群是集聚效应和竞争效应的综合体现

产业集群(industrial cluster)可以分为两类:一类是同类产业的高度集聚,另一类是上下游关联企业的集聚。集聚效应在两类产业集群中都能得到充分发挥,竞争效应主要体现在第一类产业集群中。Porter (1990, 1998)认为,产业集群不仅是一个学术研究的概念,还是促进经济发展的政策工具。Norton(2001)指出,美国在全球新经济中的领导地位的基础就是一系列大型的动态创新产业集群。

1.2 新时代上海产业结构升级面临的国内外环境

1.2.1 全球经济失衡下的中国产业链攀升瓶颈

1. 当前全球经济的严重失衡

二战后,由美国主导建立的全球生产体系和金融体系正面临又一次的国际关系失衡和利益重新分配。中国主动对外开放及承接“亚洲四小龙”和发达国家产能，尤其是加入 WTO 以后，中国经历了快速的产业升级和经济发展，在全球产业链分工中的地位不断攀升，已经形成全球工业门类最齐全的生产体系。2017 年中国制造业产出占世界的比重约为 27%，连续四年保持世界第一。在世界 500 余种主要工业产品中，中国有 220 多种工业产品产量位居世界第一。相应地，中国对美国的贸易顺差和外汇储备也持续上升，到 2018 年，中国对美国贸易顺差达到 3 233.2 亿美元。中国双顺差的持续累积和产业不断升级，由美国主导的全球秩序已被动摇，我们现在或许正在经历自苏联、日本以来的第三轮全球再分配和再平衡过程。鉴于中国经济的巨大体量和不同于欧美的价值观，这第三轮再平衡远比上两轮要复杂和困难得多。

随着全球分配失衡变得无法调节，技术红利、后发国家劳动力红利等全球一体化的旧有红利逐渐消耗殆尽，各参与主体开始出现逆全球化、民粹主义势力抬头等趋势。二战后，历史上每发展到全球分配失衡这一阶段，都必然是秩序混乱的状态：轻则产能过剩，经济增速疲软；重则贸易保护主义抬头，产生国际关系紧张、地缘政治动荡等一系列问题。

2. 中国在全球产业链地位攀升遭遇瓶颈

中国融入全球产业链的早期，是中国主动承接发达国家转移出来的产业和技术的过程，这是一个双方互利的过程。但是随着中国在全球产业链中的地位不断攀升，中间生产环节试图通过升级转型来提供更为广阔的空间时，必然会侵占到其他参与主体的利益，甚至会与发达国家掌握尖端技术并攫取高额利润的跨国公司展开直接竞争。主导国和跨国公司必然会采用技术封锁、减少投资、贸易壁垒等手段来遏制中国由产业升级对它们形成的进一步挑战，中国的产业升级必须依靠自主创新，而自主创新将使产业升级的难度大幅上升，速度下降。

目前，全球产业链的高端部分和核心技术依然牢牢掌握在发达国家手中。中国“世界工厂”的名声主要来自全门类工业产品的生产，但是生产产品的设备却主要依靠进口，严重受制于发达国家。以机械制造中智能化的标杆——汽车制造业为例，目前，进口智能装备几乎占领了中国汽车企业的应用主市场。国产自动化设备及系统难以进入重大工程的关键、核心、主体装备。各大整车厂及零部件企业普遍应用的自动化生产线、自动化物流系统、机器人、机械手等关键设备等绝大部分依托于国外，核心技术更是集中在西门子、ABB、安川、三菱等外企手中。此外，关键基础零部件、元器件、关键基础材料也主要依赖进口。

1.2.2 大国博弈下的全球贸易体系重塑

1. 美国对外贸易政策不断变化

2018 年 3 月 22 日，时任美国总统特朗普在白宫签署了对中国输美产品征收关税的总统备忘录。北京时间 6 月 15 日晚，美国政府发布了加征关税清单，将对从中国进口的约 500 亿美元商品加征 25%关税，其中对约 340 亿美元商品自 2018 年 7 月 6 日起实施加征关税措施。美国在关税等方面的一系列举措和中国相应的反制措施，使中美贸易争端成为当前国际贸易格局变革中最醒目的风向标。

要研究发展中大国的产业结构升级方向，必须对当前的国际贸易体系以及未来的可能变化有深刻认识。传统国际贸易规则，从关贸总协定到 WTO，都由美国所主导，当美国意识到这套规则不再符合美国的国家利益时，便开始寻求新的国际贸易安排。特朗普提出的“美国优先”，即踢开国际贸易体系，用美国的规则取代多边贸易规则。其贸易保护手段主要包括：以双边贸易谈判替代区域协定，通过发起局部贸易争端来打击、改造或者废除多边贸易体制。因此，作为全球贸易规则制定和维护的主导国，美国对外贸易政策的变化对全球贸易规则的影响是极其深远的。当美国不再致力于维护原有的国际贸易规则，转而寻求更有利于美国国家利益的新贸易安排时，传统贸易规则的作用和影响力也就岌岌可危了。

2. 科学技术进步正在重塑国际贸易

科学技术的进步正深刻改变着国际贸易体系。科技进步使得贸易运作方式发生了重大变化，科学技术革命呼唤着新的贸易规则和贸易体系建设。一是互联网的兴起和广泛应用促生了网络贸易(跨境电商)。电子商务通过电子商务网站为中介，开展全球范围内的 B2B、B2C 活动，直接弱化了现实条件对国际贸易的影响以及国际贸易的国际性和贸易性，并随之影响国际贸易规则对电子商务的适用(原产地、价格、反倾销等等)。跨境电子商务是对国际贸易传统概念的挑战，在新形势下，新贸易模式亟须新的贸易规则安排。二是科技进步使得贸易形态发生了变化，出现了服务贸易。传统进出口货物是大宗商品、制造业生产品等具体物品，但现在及未来的进出口货物可能是虚拟物质，包括知识产品、数据、信息、服务、技术等。商品生产出现了“软化”的现象。此外，货物商品贸易越来越密集地使用科学技术、管理、营销等服务要素，服务和货物之间相互渗透，形成新的复合产品。这些新型“物品”和服务的国际间贸易，是新科技革命对旧贸易规则提出的问题和挑战。

3. 大国博弈和全球价值链的深化将重塑全球贸易体系

未来国际贸易规则的重构必然建立在大国博弈的基础之上，并吸收新技术和新产业对国际贸易的影响。一方面，美国、中国、欧盟等大经济体将从各自利益出发，激烈博弈。贸易的多变与双边、区域主义之间的博弈将决定全球贸易体系的未来走向。另一方面，全球价值链的出现和跨国公司的大规模扩张，使越来越多国家或地区被纳入同一生产价值链条，依据自身的禀赋优势或竞争优势完成不同的生产环节。为了维系这种分工关系和全球价值链条，不仅需要跨境投资行为和产品交换，还需要服务的跨境流动。未来的国际贸易规则需要更多地满足生产环节分布在不同国家和地区的价值链发展需求，减少贸易和投资的障碍。货物贸易、服务贸易和国际投资的相互联系和相互依存将成为21世纪国际经贸交往的核心。服务贸易和投资是国际贸易规则重构中的重点。

1.2.3　新一代信息技术全方位改造现有产业

1. 新技术引发产业革命

进入21世纪以来，新一代信息技术快速发展，计算机芯片处理技术、数据存储技术、网络通信技术、分析计算技术获得重大突破，加上大数据、云计算、物联网、移动互联网的应用，带来相关产业的迅猛爆发。当前这一轮新工业革命的兴起，即以新一代信息技术与制造业深度融合为主线，对产业升级、经济结构和社会形态带来全方位、深层次的影响。展望未来，由大数据、人工智能和云计算引发的智能革命也将以类似上几轮产业革命的方式展开，即：

现有产业＋新一代信息技术＝新产业

新一轮技术革命引导企业在网络基础上围绕数据这一新的关键生产要素开展生产经营和资源配置，从而推动生产方式向数字化转型，形成新的研发、制造方式和产业组织形态，这将全面改造传统产业、缔造新产业，并带来商业模式和生活方式的革命。目前，以新一代信息技术为主导的新技术变革正在世界范围内推动生产方式变革，并引发全球生产、投资和贸易格局的深刻调整。

2. 新技术颠覆商业模式

新一代信息技术依托互联网对商业模式产生颠覆性革命，大大提升资源匹配和利用效率，提高服务业在产业结构中的地位。一是网络效应推动平台经济成为重要的产业组织方式。当前，服务业已经形成了平台型产业链，产生了苹果、谷歌、亚马逊、Facebook、阿里巴巴、腾讯等世界级平台企业。在制造业领域，工业互联网平台渐成趋势，上下游企业、区域内企业以及生产者与消费者之间的连接越来越广泛,各个产业逐步形成平台型的生产组织格局。二是泛在网络推动研发设计向开放合作、国际化和专业化方向发展。全球创新资源在数字化时代的流动性大大提升,创新主体可以在更大的范围内应用知识、创意等创新资源。互联网、物联网的“全球连接”功能为企业组织开展国际研发分工和合作提供了条件。传统封闭、独立、线性化的研发设计模式已经向开放、合作、网络化的研发设计模式转变。

1.2.4 新工业革命将重塑全球生产格局

当前的新工业革命主要表现在生产方式的数字化转型,这将对全球创新、产业分工、价值链、贸易、投资等带来全面而深刻的影响,国际经济格局中的实力对比也将因此发生重大变化。

1. 网络市场规模大、创新环境友好的国家有望领先

由于网络市场价值成为新技术应用的关键因素,数据和知识成为新的竞争力源泉,数字经济在人口基数更庞大、交易数据更丰富的国家更容易得到发展。预计未来10—15年,中美凭借良好的网络市场基础、大规模数据潜力,以及更包容的创新环境,数字经济有望领先发展。

2. 人才和技术成为新的比较优势

新型制造向资本、人才和技术密集的国家和地区集聚,人才和技术将成为新的比较优势。制造业的数字化、智能化促使生产过程变得更技术密集和资本密集。在新的产业分工趋势下,劳动密集型生产环节以及产业的发展空间和就业机会将大大减少,传统上通过切入劳动密集环节参与全球价值链分工的发展模式将受到严重挑战,建立在人才和技术基础上的新比较优势将更加重要。

3. 数据等无形资产的价值越来越大

数据等无形资产的投资将快速上升,跨国公司的投资重点将更倾向

于获取数据、人才和技术等智力资源。数字跨国公司在发展中国家寻求市场和资源,而在发达国家或成熟企业中寻求知识(如获取品牌、技术、研发、管理和运营等方面的专业知识)。

4. 服务业可贸易化程度大大提升

国际贸易面临数字化转型,数字产业和网络发达的国家在国际贸易中占据重要份额。由于数字技术的快速发展显著提升了服务业的可贸易化程度,并促进了服务业的快速创新发展,服务和数字商品贸易将逐渐上升,国际贸易从以实物商品为主转向数字化商品和实物商品并举的局面。与此同时,国际贸易模式也将由传统跨国企业主导的大宗贸易模式向分散化、平台模式转变。跨境电商等新商业模式兴起并将占据主导地位,一些中小微企业甚至个人通过电商平台参与国际贸易,平台经济在国际贸易中发挥越来越重要的作用。

1.3 新时代背景下对现有研究的讨论

1.3.1 研究范围和范式需要改进

1. 现有文献的研究范围可以进一步扩展

现有文献对城市产业结构升级的研究主要从经济学角度出发,关注二、三产业的变化和制造业内部产业结构的升级。研究的具体量化指标包括两个方面:一是代表人的需求和偏好变化的人均收入和收入分配,二是代表产品和服务供给能力和供给效率的不同产业劳动生产率和附加值。对城市产业结构升级的研究集中于研究如何提高传统产业的劳动生产率和附加值,以及创生或引进高劳动生产率和附加值的新产业,其主要机制包括集聚效应、竞争效应、产业集群、知识溢出等。随着城市产业结构升级领域不断产生新的现象和新的问题,现有的理论范式、研究方法、研究领域都需要进一步扩展和创新。

2. 理论研究需要改进和突破

科技创新在产业结构升级中的作用不断凸显，驱使主流经济学的基础理论进一步拓展，研究范式不断改进，乃至对经济学本身进行变革。主流经济学在经济人稳定偏好的条件下，给定技术和制度约束，对可供使用的资源禀赋如何配置进行研究。在面对信息技术发展和创新作用加强的情况下，对具体产业结构升级的分析显得有些捉襟见肘。新偏好的形成、技术和制度的创新以及新资源的创造，才是新产业和新经济发展的关键。对创新给予更多关注的非主流经济理论（如演化发展经济学）的思想和研究方法正越来越受到经济学家的重视，即着重于对经济系统中新奇事物的创生、传播和由此导致的结构转变进行研究的经济科学新范式。此外，城市产业结构升级的相关论文多是从经济学和地理经济学的角度展开研究，但产业的真正升级却离不开技术的革命和商业化的应用。因此，经济学者必须更好地理解新技术、新技术所带来的产业，以及新技术应用后对人的需求所造成的巨大影响，这样才能更好地对产业升级进行分析，对未来发展进行预判，提出更有价值的政策建议。

1.3.2 重视新技术背景下产业结构升级的特点

1. 要重点考虑技术革命的影响

产业结构升级归根到底是技术革命带来的变化。从蒸汽革命时代的棉纺织业、制糖业，到电气时代的重化工业，再到信息技术革命下的 ICT 产业，技术革命正在不断推动产业升级和结构变化。同时，新技术可提供新的动力来源，降低货物运输成本和信息传播成本，大幅提高资源利用效率，使生产、投资和消费的全球化成为可能，跨国公司运用而生。技术革命在提高生产力的同时，还进一步变革生产关系，创造新的产业组织方式，影响劳动就业和收入水平，进而引起整体产业结构的变化。技术变化在产业结构升级中起到至关重要的作用，研究城市产业结构升级首要考虑的问题就是技术和创新。但是，由于技术前沿的变化速度较慢，大的技术革命通常几十年才能发生一次，因此，在现实的研究中，关于技术革命对产业结构升级的影响关注不够。因为在过去的经济追赶过程中，技术上并没有突破性的成就，导致产业结构升级的相关文献对技术革命的影响有所忽略。

2. 人才和创新的作用愈发重要

经济发展的动力在于人的创造性，这是新的供给侧，创新和创新人才越来越成为城市产业结构升级的关键力量。Charles Landry(2000)提出的创新城市(creative city)和Richard Florida(2002)提出的创新群体(creative class)正在不断增强影响力，其中，Richard Florida 的 3T 发展理论(technology, talent and tolerance，即技术、人才和容忍度)已经被大多数人所接受，他的思想已经深入西方世界地区发展的战略规划。文化上的创新、创意战略，正在打破现有的城市正统政策。在地区间的竞争方面，政策更多聚焦于软的方面，把创造力的地位提到了新的高度，重新定义位置、战略、目标等。国内城市间也纷纷陷入人才战争，如何把城市建设成为开放、多元、酷、潮等适宜人才居住的环境，已经成为城市政策制定者的重要命题。

1.3.3 对产业结构的分类需要重新思考

1. 对第三产业在经济增长中的作用存在争议

第二产业比重的提高有助于经济增长，学者们在这一点上都没有异议，但对于第三产业在国民经济中的作用却存在疑问。李钢、廖建辉、向奕霓(2011)认为发达国家第三产业比例不断提高，并非反映了第三产业是产业升级的方向，也绝非说明了第三产业比第二产业高级，而且发达国家第三产业比例不断提高以发达的国际贸易为基础，以发展中国家第二产业的快速发展为前提。通过构建包含工业和服务业的两部门动态随机一般均衡(DSGE)模型,渠慎宁、吕铁(2016)从工业和服务业相互融合的角度剖析产业结构转型对经济的影响。他认为服务业具备“经济稳定器”的作用,但其技术进步对宏观经济的外部性影响要弱于工业。在未来推进“产业结构迈向中高端”的过程中,应保持工业和服务业的均衡发展。

2. 产业结构升级不只是二、三产业比重变化

当前的学术文献对于产业结构升级的研究主要关注在不同收入水平的条件下,二、三产业结构(产值、增加值、就业人口)的变化以及影响二、三产业结构变化的因素。第二产业在经济结构中的比重从无到有,再不断扩大,达到一定峰值后,开始让位于第三产业的发展,这是一个动态过程,难以直接跨越。如果只是追求第三产业的高比重,一些资源丰富的发展中国家大城市的第三产业占比非常高,但这些城市往往呈现出人均收入低下、贫富差距巨大、社会矛盾突出等问题。简单提高第三产业的比重并不是产业结构升级的目标。只有生产率的提高、高效率供给的增加、人民的普遍富裕才是产业结构升级的目标。

此外,信息技术业本身就包括硬件制造和软件服务,随着信息技术对其他产业的不断渗透,二、三产业呈现出不断融合的趋势,生产软化、服务硬化、制造和服务一体化,成为新兴产业的典型特征。二、三产业比重的变化不但无法准确反映产业结构升级的情况,二、三产业的划分也需要与时俱进,提出更合乎当前产业结构分类和认知的新范式。

1.3.4 国际比较需要进行多维度研究

1. 借鉴成功经验要避免“刻舟求剑”

从工业革命开始,大量农村人口向城市迁移,尤其在第二次世界大战以后,随着全球经济的不断发展,人口、技术、资本和生产进一步向城市集中。在这两百多年时间里,发达国家大城市大多经历了城市规模不断扩

大、人口不断增加、产业结构不断升级的过程。不同城市遭遇的经历并相同:有兴起后一直在全球扮演重要角色的城市,如伦敦;也有兴起后又衰落的城市,如底特律、匹兹堡;有经历转型再焕发光彩的城市,如纽约;还有后发追赶成为国际大都市的东京,等等。

如果静态地将上海与当前的全球城市如伦敦、纽约、东京进行相关指标对标(如二、三产业比重、制造业结构、服务业类型等),就忽略了不同城市既有的产业基础、技术水平和供给能力。政府以产业政策和投资基金来助推产业结构达标,容易拔苗助长,最终与预期结果南辕北辙。

如果是参照发达国家大城市产业结构升级的经历进行研究,又忽视了不同时代背景下,新技术对产业结构的冲击,蒸汽革命、电气革命、信息技术革命以及当前"人工智能+大数据",都对产业结构升级产生重大影响,不同的技术条件对应着不同的产业结构和产业类型。同时,在不同的时代背景下,全球化的趋势、跨国公司的扩张、国际贸易规则的变化也对产业结构升级产生重要影响。

可以看出,不同城市在其产业结构升级过程中面临的国际环境、技术条件、资源禀赋、制度和文化背景等大相径庭。如果仅从几个城市的经验作简单的类比和归纳,不免有"刻舟求剑"的嫌疑,存在不小的主观性和偶然性。要从发达国家大城市的发展过程中吸取成功的经验和避免失败的教训,前提是要从多个维度深度剖析各大城市产业结构升级的经历,找到不同国际环境、技术条件和资源禀赋下大城市产业结构升级的特点和共性规律,找到适合上海的产业结构升级路径和方向。

2. *产业结构升级规律需要从不同时间维度进行分析*

从静态对标到动态研究,其结果和相应启示并不相同。大城市产业结构升级需要从不同时间维度进行分析,才更容易找到一些共性规律。根据大城市产业结构升级的历史,主要可以从以下三个时间维度来观察大城市产业结构升级的过程。

一是当前的静态对标。这是最直接，也是最直观的对标，即以当前国际一流大城市的产业结构为标杆，分析上海的产业结构与这些大城市的差异，并以此为目标，确定上海产业结构升级的方向以及相应的产业政策。

二是第二次世界大战结束后的七十年时间。二战后，国际环境相对稳定，发生了一次信息技术革命，以美国为首的全球生产体系运转顺畅，全球工业化和城市化的进程如火如荼。在这个时期，发达国家的大城市实现了产业结构从以重化工业为主的工业化阶段升级到以信息产业和生产性服务业为主的后工业化阶段，经济不断增长，人均 GDP 不断提高。不少发展中国家的大城市实现了产业结构的快速升级，用几十年的时间走完发达国家一两百年的工业化进程，产业从劳动密集型升级到资本密集型，再进一步升级到以技术密集型产业和生产性服务业为主导的产业结构。

三是工业革命以来的两百多年时间。每一次工业革命都会带来整体产业升级和结构变化，一方面是新技术创造的新产业，并且其在经济结构中的比重不断提高；另一方面是“旧产业＋新技术”所创生的产业，实现旧产业生产率的快速提高，满足消费者需求的能力大幅增长。因此，需要从大的工业革命和技术变革的角度，来分析大城市在这些跨时代的过程中产业结构升级的过程。

3. 发达国家和后发国家的大城市是否需要区别看待

先发国家大城市和后发国家大城市的产业结构升级呈现出不一样的过程和规律，主要体现在技术来源、增长速度、产业政策等方面。前者是新技术的创造者，后者是已有技术的学习者和应用者，因而相应的制度、政策和创新环境都呈现出很大的差异。后发国家的大城市在追赶的过程中，能充分发挥后发优势，快速吸收和消化发达国家的资本、技术和经验，体现出非常高的经济增长能力，并以较快的速度完成发达国家大城市一两百年的产业结构升级过程。但后发优势和后发劣势的界限非常模糊，作为后发国家的大城市，在追赶过程中所体现出来的制度、文化优势以及对发达国家的技术和资本依赖，往往成为进一步超越发达国家大城市的桎梏。如果发达国家同时对后发国家进行技术上的封锁和贸易上的孤立，后发国家大城市的在产业结构升级上的处境与发达国家的大城市完全不可同日而语。要实现对先发国家大城市的超越，需要经历从学习者到创造者的转型，还需要具备制度、文化、科技、国际环境等各方面的条件，成功者凤毛麟角。

第 2 章　对产业结构升级概念和标准的再讨论

随着工业化持续推进并慢慢步入后工业化时代，新一代信息技术的不断涌现对传统产业实现全面改造，产业结构升级的概念和标准对研究者来说成为一个经常提及却难以精确描述的概念，对产业结构升级的衡量就更加困难。因此，在讨论产业结构升级这个问题前，我们有必要再一次讨论并争取厘清产业结构升级的概念，并进一步提出一个在不同时间和空间维度下均可以衡量产业结构升级的标准，以利于对这个问题展开深入研究和比较。

2.1　产业结构升级的概念

产业结构升级在中国是一个被广泛使用的概念，自“十五”计划将产业结构升级确定为经济结构战略性调整的重点以来，已经有相当多的文献对产业结构升级进行了深入的讨论，但此类研究大多出自战略规划和政策制定的角度，对于什么是产业结构升级、如何衡量产业结构升级，在理论上还缺乏统一的认识。此外，在各种学术研究、政策文件和战略规划中，除了产业结构升级这个概念外，还会用到诸如产业升级、产业结构调整、产业转型升级、产业结构优化等概念。

专栏 2.1　《上海市国民经济和社会发展第十个五年计划纲要》节选

90 年代尤其是“九五”期间，上海人民坚持以改革为先导、发展为目标、稳定为前提，敢于和善于抓住机遇，着力探索具有中国特色、时代特征、上海特点的发展新路，积累和形成了一些成功的经验和做法。

一是坚持立足于整体搞活国有经济，不断深化以国有企业改革为中心环节的各项综合配套改革；二是坚持以浦东开发开放为龙头，不断扩大对内对外全方位开放；三是坚持“三、二、一”产业发展方针，大力推进产业结构战略性调整和生产力布局整体性调整；四是坚持实施科教兴市战略，促进经济建设尽快转到依靠科技进步和提高劳动者素质的轨道上来；五是坚持妥善处理好改革、发展、稳定三者关系，努力为改革开放和经济建设创造良好的社会环境；六是坚持整体性目标和阶段性推进相结合，有计划、分步骤、有重点、分阶段推进各项工作；七是坚持实行“两级政府、两级管理”体制，重大事情让广大市民知情、理解、支持、参与，充分调动和发挥各方面的积极性；八是坚持同步推进物质文明和精神文明建设，不断提高市民素质和城市文明程度。

上海经济和社会发展中仍然存在着一些突出矛盾和问题。主要是：部分企业的经营机制和研发能力还不能适应市场竞争的要求，产业结构优化升级和所有制结构调整任务仍很繁重，影响国际竞争力提高的体制、科技等方面的制约因素依然不少；加强城市建设和管理、改善城市生态环境的任务还相当艰巨，市场法规体系和监管手段尚待逐步健全完善，经济社会可持续发展能力还要进一步提高；就业压力仍然较大，社会保障体系还需完善，农民收入有待提高。“十五”期间，我们要通过深化改革和加快发展，着力解决前进中存在的问题。

2.1.1 产业结构升级具有丰富的内涵

通常讨论的产业结构升级包括了丰富的内涵，主要包括以下几个方面。一是一、二、三产业结构的变化。经济主体从第一产业为主向第二产业转变，再向第三产业发展，形成以服务经济为主的产业结构。二是产业内部结构的变化，包括工业和服务业两个方面。在工业产业结构中，逐步从劳动密集型产业为主向资本密集型产业为主转化，再向技术密集型产业升级。服务业内部产业结构中，生产性服务业占比不断提高。三是产业结构的合理化。通过产业政策调整和市场的资源配置功能，淘汰落后产能，提高能源、土地等资源的利用效率，减少对环境的污染。四是新兴产业的发展和壮大。随着新技术的发展，不同产业在不断融合创新，制造业的服务化和四新经济的发展是当前产业升级的发展方向，相应产业在产业结构中比重的提升是产业结构升级关注点。

2.1.2 区分产业结构升级与产业升级

产业升级是从单个产业的层面展开研究，研究的重点是某个产业的形成和发展，在全球产业链上的地位攀升，从产业低端加工走向高端制造，从低附加值、低利润向高附加值、高利润升级。这类研究主要关注某个产业和部分企业的升级，不涉及对整体产业结构的变化，因此被称为产业升级。虽然某个产业生产力的提升和产值的增长会改变经济中的产业结构，但这是产业升级的结果，而不是产业结构升级本身。与产业升级相比较，产业结构升级有着诸多不同点。一是主体不同，产业升级的主体是单个产业，产业结构升级的主体是整个经济的产业结构，或者是产业大类的内部产业结构，关注点在“结构”上。二是内涵不同，产业升级是指单个产业形成、发展的过程，而产业结构升级是指产业结构的不断变化，从低级形态向高级形态转变的过程。三是产业升级和产业结构升级互为因果关系。产业升级是产业结构升级的基础，产业结构升级是产业升级的结果。随着优势产业的不断升级和劣势产业的淘汰转移，产业结构不断变化，向更高级、更协调的方向转变。

2.2　产业结构升级的衡量方法

由于产业结构升级有着丰富的内涵，因此，如何能较好地衡量产业结构升级就成了一个非常重要的理论和实践问题。好的衡量和评价标准要基于产业结构升级的理论基础，要考虑产业结构数据的可得性，还要考虑到不同维度产业结构的存在，同时兼顾不同国家之间、同一国家的不同时期的可比性等要求。

2.2.1　基于实证数据建立产业结构升级的“标准结构”

国外对产业结构升级的研究主要是基于实证数据建立产业结构升级的“标准结构”。在收集了众多国家产业结构演进具体数据的基础上，库兹涅茨、钱纳里等经济学家提出相应的产业结构升级的标准结构，即一个国家在发展中，当人均 GDP 达到一定水平时，产业结构应处于什么状态。在理论研究和数据分析的基础上，相关学者把经济发展过程划分为若干个阶段，如霍夫曼的工业化阶段学说、罗斯托的经济成长阶段学说，以及钱纳里、塞尔奎因的经济发展阶段说等。在研究某个国家的产业结构升级情况时，就能根据该国的经济特征(人均收入水平、产业发展情况等)，判断该国经济处于哪个阶段，其产业结构应处于何种水平。

2.2.2　以三次产业产值比例测度产业结构高级化

在国内的学术研究中，产业结构升级也常常被称为产业结构高级化。现有的测度产业结构高级化的方法大致可以分为三类。

1. 以三次产业产值比例关系测度产业结构高级化

主要以第三产业比重的提高来代表产业结构升级。如干春晖等(2011)在研究中国产业结构变迁对经济增长和波动的影响时,从产业结构合理化和产业结构高级化两个维度来衡量产业结构变迁。对于产业结构高级化的衡量就采用第三产业产值与第二产业产值之比来度量,即第三产业相对于第二产业的比重越高,说明产业结构越高级。

2. 以三次产业产值占比对应劳动生产率的乘积度量产业结构高级化

刘伟(2008)在研究中国经济增长中的产业结构变迁和技术进步的问题时,由各次产业的劳动份额来代表整体经济的产业结构,由劳动力的转移来代表产业结构的变化,总体劳动生产率是各产业劳动份额与劳动生产率乘积的总和:

$$LP=\sum_{i=1}^{n} LP_i S_i$$

其中,LP 是总体劳动生产率,LP_i 代表 i 产业的劳动生产率,S_i 为 i 产业的劳动份额,总体劳动生产率的提高即代表产业结构升级。

3. 用向量方法测度产业结构高级化

有些学者利用夹角余弦反映产业结构的相似程度,从而考察所研究经济的产业结构高级化程度。如付凌晖(2010)提出了一个基于向量的产业结构高级化度量方法。产业结构依然是按三次产业划分,每一个部分增加值占 GDP 的比重作为空间向量中的一个分量,构建一组三维向量 $X_0=(X_{1,0}, X_{2,0}, X_{3,0})$。然后分别计算 X_0 与产业由低层次到高层次排列的向量 $X_1=(1, 0, 0)$,$X_2=(0, 1, 0)$,$X_3=(0, 0, 1)$的夹角 θ_1,θ_2,θ_3。产业高级化值 W 则被定义为:

$$W=\sum_{k=1}^{3}\sum_{j=1}^{k}\theta_j$$

即对第一、第二、第三产业分别赋予权重，其中第三产业权重最高，第二产业次之，第一产业权重最低，随着产业结构从以第一产业为主向第二产业再向第三产业为主发展，W 值也随之提高。

2.2.3　产业结构升级还包括产业结构合理化的内涵

产业结构合理化是基于古典经济学的假设，即经济最终将处于均衡状态，此时各产业部门的生产率水平将相同。在研究中，一般采用结构偏离度对产业结构合理化进行衡量，或对此方法进行进一步扩展。

$$E=\sum_{i=1}^{n}\left|\frac{Y_i/L_i}{Y/L}-1\right|$$

其中，E 表示结构偏离度，Y 表示产值，L 表示就业，i 表示产业，n 表示产业部门数。根据古典经济学假设，经济最终处于均衡状态时，各产业部门生产率水平相同，即 $E=0$。事实上，各产业部门生产率不可能相等，尤其是在发展中国家，经济非均衡现象是一种常态，其中，E 值越大，说明经济越偏离均衡状态，产业结构越不合理，E 值缩小，则表明产业结构在趋于合理。

2.3　当前衡量方法存在的问题

2.3.1　从理论看，一、二、三产业结构划分方式有较大局限性

不管是用什么方法展开产业结构升级的研究，按一、二、三产业进行产业划分依然是当前产业结构研究的主流划分方式，但这种划分方式已经体现出越来越大的局限性。

1. 第三产业的内容过于宽泛。

三次产业划分法将人类活动中非直接生产物质的部门统统都归到第

三产业中，第三产业既包括新兴产业如信息服务业，也包括传统产业如餐饮、住宿业等。从产业结构升级的角度来看，第三产业中有部分产业是高劳动生产率、高增长的产业，以各种生产性服务业为代表，是产业结构升级的目标。也有部分是低劳动生产率、低增长的，并随着第二产业的发展而发展起来，是在物质需求得到满足之后，满足精神需求和服务需求的。若将这些不同特性的产业不加区分地放在同一产业内，显然是不合适的，这也是导致三次产业结构的衡量标准失效的重要原因。

2. 对新兴业态的划分不科学。

随着信息技术对其他产业的不断渗透，二、三产业呈现出不断融合的趋势，生产软化、服务硬化、制造和服务一体化，成为新兴产业的典型特征。这些新兴产业对传统的二、三产业划分方式提出了挑战，到底应该将这些产业归入第二产业，还是第三产业？或者将一部分放在第二产业、一部分放在第三产业？

3. 三次产业的划分对产业政策产生一定误导。

在三次产业划分的方式下，发达国家的第三产业比重都明显高于发展中国家，进而第三产业比重提高成了产业结构升级成功的标志。因此，发展中国家和地区的产业政策会过分追求第三产业在产业结构中比重的提高，而不顾产业结构升级的客观规律，没有分清产业结构升级的真正方向和目的，在一些地区引发了经济增长变缓，劳动生产率下降，收入差距拉大，社会矛盾凸显等问题。

2.3.2 从数据看，第三产业比重的提高并不能代表产业结构升级

国外的产业结构升级理论以发达国家产业结构升级过程所呈现的典型事实作为参照，以此来衡量发展中国家的产业结构是否合理。而在国内的研究中，以第三产业占 GDP 比重作为产业结构升级的衡量标准是学术研究中应用最为广泛的指标。该指标既有数据的可得性、方法的简单

性等优点，也符合发达国家以一、二、三为先后顺序的产业结构升级进程。但事实上当我们以城市为单位进行横向比较的时候，会发现第三产业比重的提高，并不见得一定带来经济增长和竞争力上升，过度追求第三产业比重的提高，还可能导致经济增长放缓，收入差距拉大等问题。比如国内主要一线城市北京、上海、广州、深圳等，2018 年北京服务业比重最高，达到80.56%，深圳的服务业比重最低仅为 58.48%，上海、广州介于两者之间，在 70%左右。作为国内的四大一线城市，北、上、广、深可以说是代表了中国城市发展的最高水平，但它们的二、三产业结构比重却呈现出非常大的差异。我们再看 31 个省会城市和计划单列市的产业结构和人均 GDP、人均公共财政预算收入的关系，也会发现第三产业比重的提高与城市居民的富裕程度（人均 GDP 水平）和当地政府的财力（人均公共财政预算收入水平）都不存在明显的相关性。这其中第三产业比重最高的十个城市分别为海口、乌鲁木齐、广州、呼和浩特、太原、兰州、西安、杭州、深圳、济南。除了广州、杭州、深圳外，其余城市并不是经济最发达的城市，甚至是省会和副省级城市中相对落后的城市。因此当我们简单地把第三产业在 GDP 中占比的提高作为产业结构升级的标准时，会发现这个标准并不能很好地衡量城市发展过程中所呈现出来的事实。

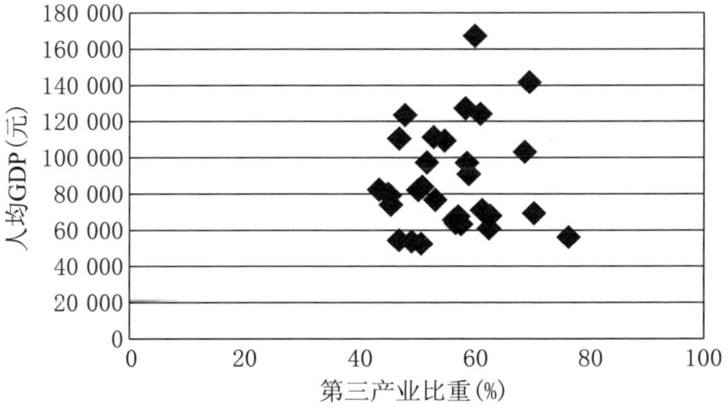

图 2.1　副省级城市和省会城市第三产业比重和人均 GDP

资料来源：Wind 数据库。

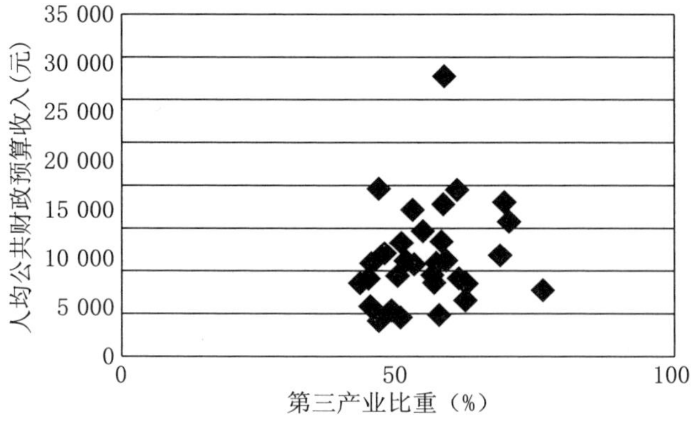

图 2.2　副省级城市和省会城市第三产业比重和人均公共财政收入预算

资料来源:Wind 数据库。

但是,如果将国内城市的发展程度以一二线作为划分的话,那么,一线城市第三产业占比的平均水平(70%左右)显著高于二线城市(约60%),发达国家大城市的第三产业占比甚至可以达到90%以上。可见,第三产业比重的提高又确实是产业结构升级的结果,但必须明白,单纯追求第三产业比重的上升并不代表产业结构升级的成功。

由于以三产比重来衡量产业结构升级的方法本身就不太准确,那么相应的结论也就值得商榷。例如,在以第三产业占比提高为产业结构升级的标准下,干春晖等(2011)的研究认为现阶段中国产业结构高级化对经济发展的贡献远远不如产业结构合理化。刘伟等(2008)认为产业结构变迁对经济增长的贡献度呈现不断下降的趋势等。

2.3.3　从具体产业看,产业结构的变化难以真实体现产业发展水平

在不同国家和不同时期,相同的产业在产业结构中的比重上升,也并不能完全体现出产业结构升级。以金融业为例,金融业作为生产性服务业,是普遍认可的高端产业,近年来金融业在上海产业结构中的比重不断提升,到2017年,金融业产值已经占到上海GDP的17.4%,而且依然在

以快于总体 GDP 增速的速度增长，其 GDP 占比已经接近甚至高于纽约、伦敦的水平(取决于如何衡量纽约和伦敦的城市范围，若以与上海类似的人口和面积的范围来衡量，上海金融业占比已经高于纽约、伦敦)，并远远高于东京、巴黎等城市，但我们不能据此说上海的金融产业升级成功了，上海的产业结构升级是成功的。因为上海还没有成为能与纽约、伦敦比肩，成为超过东京、巴黎的全球金融中心，上海近几年的经济增速也低于金融业占比更低的深圳和广州。

2.4　新的产业结构划分方式探讨

对于经济学研究和产业政策制定，我们需要新的产业划分方式和产业结构升级的衡量标准。

2.4.1　基于新的理论对产业结构进行重新划分

传统的三次产业分类方法，是基于产业出现的先后顺序和发达国家产业结构升级过程中所呈现出来的事实。新的产业结构划分方式有两条路径：一是在传统的三次产业分类法基础上根据新兴产业的特征进一步细化，保持农业和工业在产业结构中的地位不变，而将服务业分为服务业、信息产业和知识产业等；二是基于新的理论对产业结构进行重新划分，如基于可持续发展理论提出的产业划分方式，包括资源再利用业、生态维护业等。

2.4.2　进一步丰富产业结构升级的内涵

产业结构升级的内涵，要从原先侧重于三次产业结构向行业内部结构调整深化，第二产业的高端制造业和第三产业的先进服务业都是产业结构升级的重点目标。此外，在关注门类结构、产业布局结构的基础上，要更加关注跨界融合、产业要素结构、产业组织结构、产业载体结构、产业空间区域联动等结构。

2.4.3 探索产业结构升级的新表述

在政府发布经济社会发展规划和产业政策中，对于产业结构的表述方式一般为“三二一产业”“主导产业”等，具有较浓的政府计划色彩，没有体现市场在资源配置和产业结构升级中的关键性作用。新的产业结构表述方式应该强化产业结构的特征，淡化政府重点发展的具体产业，还要将未来重点发展的产业归结到一个大的产业框架里。

专栏 2.2 优化升级产业结构，培育发展新动能

党的十九大报告提出，“我国经济已由高速增长阶段转向高质量发展阶段，正处在转变发展方式、优化经济结构、转换增长动力的攻关期，建设现代化经济体系是跨越关口的迫切要求和我国发展的战略目标”。建设现代化经济体系就是坚持以经济建设为中心，解决好不平衡不充分发展问题，以奠定从全面建成小康社会到基本实现现代化，再到全面建成社会主义现代化强国的经济基础。全面理解现代化经济体系要从生产力与生产关系这一社会基本矛盾出发，从生产力、生产关系及两个视角去理解。生产力视角下，现代化经济体系要以现代化生产力为支柱。建设现代化经济体系，推动生产力现代化，需要以实体经济、科技创新、现代金融、人力资源协同发展的产业体系为核心载体，优化升级产业结构，培育发展新动能。

优化升级产业结构，培育发展新动能，需要促进产业结构在动态变化调整中不断迈向中高端

需要指出的是，绝不能简单地把服务业比重的上升作为经济结构高端化的标志。如果服务业比重的快速上升主要是因为金融业、房地产的发展造成的，不仅不是经济结构的优化，反而是宏观经济失衡的表现。当前存在的三大重大结构性失衡，即实体经济内部供需结构失衡、金融与实体经济失衡、房地产与实体经济失衡，阻滞了国民经济正常循环，成为宏观经济诸多矛盾和问题的根源。

二是以高技术制造业和高技术服务业为代表的知识和技术密集型产业占比不断提升，成为越来越重要的新动能。近年来，以新一轮科技革命为主要驱动力量的创新催生了一大批新技术新产业新业态新模式，尽管它们尚未成为经济增长的主体力量，但发展速度很快，显著高于整个经济增长。特别是传统产业部门增长的速度，成为越来越重要的新动能。

优化升级产业结构，培育发展新动能，促进产业结构在动态变化调整中不断迈向中高端，要以新发展理念为指导，在宏观上，着力绝不能简单地把服务业比重的上升作为经济结构高端化的标志。如果服务业比重的快速上升主要是因为金融业、房地产的发展造成的，不仅不是经济结构的优化，反而是宏观经济失衡的表现。

优化升级产业结构培育发展新动能解决好“三大失衡”，坚决打好“三大攻坚战”；在微观上，着力解决好实体经济、科技创新、现代金融、人力资源协同发展的问题。

优化升级产业结构，培育发展新动能，需要促进产业在跨领域、跨行业、跨地区深度融合中提升效率和竞争力

在经济全球化和新科技革命的背景下，以创新为主线，以新一代信息技术应用为依托，产业的跨领域、跨行业、跨地区深度融合，正成为经济增长极具活力的源泉与动力。

制造业和服务业加速融合正成为一个重要趋势。传统制造业通过强化研发、设计、服务环节，不断延伸价值链，拓展新空间。在成本快速上升、市场竞争加剧的大背景下，我国一批制造业企业积极“推动互联网、大数据、人工智能和实体经济深度融合”，许多制造企业通过创新优化生产组织形式、运营管理方式和商业发展模式，不断增加服务要素在投入和产出中的比重，在生产制造产品的同时，延伸提供基于产品的全生命周期管理、在线诊断服务等，从单纯提供产品向提供“产品＋服务”甚至是服务解决方案转变，智能制造、众包设计、网络协同研发、个性化定制等创新模式极大地拓展了价值增值空间。另一方面，掌握核心技术或业务的服务企业，通过定制、贴牌生产等方式嵌入制造业产业链，实现服务与制造的互动发展。

资料来源：节选自赵昌文，《优化升级产业结构，培育发展新动能》，发表于《紫光阁》2018 年第 1 期。

2.4.4 形成一个可以横向、纵向进行比较的统一标准

要基于理论和数据构建一个单一指标，该指标可以比较现在的上海和过去的上海是否实现了产业结构升级，可以比较当前的上海和国内其他大城市谁的产业结构升级做得更好，还能比较上海和纽约、伦敦相比在产业结构升级上还存在多大差距。

本书试图从可贸易部门国际竞争力的角度提出将产业划分为可贸易产业和不可贸易产业，并在可贸易产业内部追求产业结构的合理化的产业结构升级衡量和评价方法。可贸易产业将囊括未来重点发展的主导产业，其内部产业结构升级将是重点研究内容。本书还将给出一个可以在横向、纵向、国内外等多个维度对产业结构升级进行比较的指标。

第3章　基于可贸易产业国际竞争力视角的城市产业结构升级

3.1　巴拉萨—萨缪尔森效应和国家竞争优势理论

3.1.1　将经济分为可贸易部门和不可贸易部门

巴拉萨—萨缪尔森效应假说将经济分为可贸易部门和不可贸易部门，可贸易部门的劳动生产率提升是决定整个经济体经济增长的根本因素。不同国家间可贸易部门的劳动生产率差异越大，相应的工资和服务业价格水平的差异也就越大。对于小型开放经济体来说，其工资水平完全由可贸易部门的劳动生产率决定。巴拉萨—萨缪尔森效应已经在许多发达国家和发展中国家得到验证，即发展中国家的可贸易部门比不可贸易部门的相对劳动生产率增长更快，那么这个国家就会发生实际汇率升值。若以人均收入水平的提高作为衡量经济发展的标准，在巴拉萨—萨缪尔森效应的假设条件下，可贸易部门的规模越大、劳动生产率越高，则可以认为其产业结构更高级，人均收入水平会更高。

专栏3.1　巴拉萨—萨缪尔森效应的启示

巴拉萨—萨缪尔森效应是研究一个经济处于高速增长时期的国家实际汇率长期变动趋势的重要理论假说。该假说认为经济处于高速增长的一国，其可贸易部门的劳动生产率的提高会引起非贸易部门的工资以及价格上涨，从而在采用固定汇率制国家表现为该国总体物价相对于外国的上涨，在采用浮动汇率制国家表现为名义汇率上升，因而均导致实际汇率上升。对于该效应是否在中国适用，学术界存在着一些争议，但中国经济发展的趋势本质上符合该效应结论。

巴拉萨—萨缪尔森效应概述

巴拉萨—萨缪尔森效应理论认为，购买力平价作为解释均衡汇率的理论模型存在系统性偏差，一国经济的高速增长会伴随本币实际汇率的升值。具体来看，一国可贸易品部门与非贸易品部门具有不同的生产率，经济增速较快的国家其可贸易品部门具有相对较高的生产率，工人们按劳所得，因此可贸易品部门工资随着生产率的上涨而上涨。劳动力的自由流动又使得非贸易品部门的工资随之上涨，但其生产率并没有上升。在价格等于边际成本的假定下，将导致非贸易品价格相对贸易品价格的上升。假定可贸易品价格在国际上遵循一价定律，在固定汇率下表现为总体物价水平相对外国上涨，在浮动汇率下表现为名义汇率升值，这都将使实际汇率升值。

(1) 巴—萨效应的前提假设。在一个开放经济体中，假定生产要素仅为资本与劳动力，产品分为可贸易品与非贸易品，可贸易品指区域间价格差异可以通过套利活动消除的商品，如制造业商品。非贸易品指区域间价格差异不能通过套利活动消除的商品，如服务业商品。可贸易品在国际市场被定价，非贸易品在国内市场被定价。各国可贸易品价格通过汇率达成一致(满足一价定律)，非贸易品的价格差异由工资差异决定。假定资本可以在各国、各部门间自由流动，劳动力可以在一国国内自由流动。

(2) 巴—萨效应的三个重要结论。一是小型开放经济体工资水平完全由可贸易品部门的生产率决定。二是非贸易品相对价格由可贸易品部门与非贸易部门的生产率差决定，可贸易品部门生产率的相对提高，将会带来非贸易品相对价格的提高。三是如果本国可贸易品部门的相对生产率提高幅度高于外国时，本国整体工资及物价水平相对外国提高，本国实际汇率将升值。

巴—萨效应对人民币汇率是否适用

中国经济成长的特殊国情也决定了人民币实际汇率具有套用一般模型难以解释的诸多特征。中国现实情况也的确存在不符合巴—萨效应假设条件的地方。一是资本的跨国自由流动。资本收益率会随着技术改变而发生变化，从而引起工资和价格的调整，而中国现阶段存在资本管制，国内价格和资源调整得比较缓慢，这影响了巴—萨效应的传导机制。二是劳动力市场的自由流动。由于中国劳动力受教育水平不均衡、行业保护及信息不对称等原因的影响，劳动力自由流动受到限制。这影响了两部门间的工资及价格调整。三是劳动力总量是固定的，工资水平决定非贸易品的价格。然而中国具有二元经济结构的特殊国情，即可贸易品部门与非贸易品部门的发展差距较大，主要表现为大量农村剩余劳动力的转移。

综合来看，虽然中国面临外部经济环境的冲击，但经济长期向好的趋势并未改变，以制造业为代表的可贸易品部门劳动生产率的提高是我国经济保持增长的重要原因，在中国逐步成为世界制造业中心的过程中，可贸易品部门的劳动生产率相对国内非贸易品部门和国外可贸易品部门将快速增长，人口结构及劳动力供求关系变动将使工资增速进一步提升，人民币实际汇率必然存在升值压力，这在本质上符合巴—萨效应原理。为缓解人民币实际汇率升值压力，使其回归到均衡水平，应将劳动生产率的提高作为影响汇率变动的基础变量，同时将名义汇率、工资及物价水平、国际收支变动、体制转型、宏观经济周期、外部危机冲击等因素相结合加以综合考虑。

资料来源：魏忠全、程鹏，《巴拉萨—萨缪尔森效应的启示》，《金融时报》，2014年11月17日。

3.1.2 可贸易部门的重要性

巴拉萨—萨缪尔森效应假说所强调的可贸易部门的重要性与20世纪90年代初迈克尔·波特(Porter, 1990)提出的国家竞争优势理论不谋而合。国家竞争优势理论认为一国在国际经济领域兴衰的根本原因在于能否在国际市场上取得竞争优势,当从国家层面衡量时,国家竞争优势就是强大的国家生产力和高的劳动生产率,从纯经济的角度说,代表国家参与国际竞争的是可贸易部门,包括货物贸易和服务贸易,也就是说可贸易部门的高劳动生产率代表了一国的国际竞争力。波特还从产业层面系统地阐述了行业和企业竞争力形成和发展的规律,为竞争力研究提供了一套极富操作价值的系统框架,但是其研究对象主要是国家和制造业,并没有专门涉及服务贸易的竞争力问题。

3.1.3 以可贸易部门生产力水平来衡量产业结构升级

我们基于产业的可贸易性,将产业划分为可贸易产业和不可贸易产业,并以可贸易产业的整体劳动生产率和国际竞争力两个指标来衡量产业结构升级水平。这种划分方式的核心理念是:当我们关注产业结构升级的时候,最主要关心的是这个国家或地区在全球市场中的竞争力,而体现竞争水平的是可贸易品在全球市场中的竞争力,本地产业如房地产业,虽然产值高,但不能代表该城市的国际竞争力。随着信息技术的发展,这个可贸易品既包括传统的制造业产品,也包括一部分可贸易、可外包的现代服务业,如信息服务、技术服务、金融服务等。制造业的劳动生产率之所以高,是因为它不仅仅为所在地区和国家生产产品,而且可以为全世界生产商品。可贸易服务业同样可以为全世界生产服务,其市场广度和深度不同于传统服务业,与制造业更为相近,随着信息技术的发展,其边际成本迅速下降,运输成本甚至消失,其市场可以更广、范围可以更大。只有向全球输出产品和服务的能力大大增强，才能最终达到产业结构升级的目的。

3.2　可贸易产业的范围划分

3.2.1　传统理论不将服务业视作可贸易部门

20 世纪 90 年代之前的理论模型对可贸易品与非贸易品部门的划分比较粗略。根据国际标准产业分类(ISIC)，一般认为，农业、采矿业和制造业的商品是可贸易的，而其他的几类产业通常被认为是不可贸易的，如服务业。20 世纪 90 年代以来，随着对可贸易性问题研究的不断深入，对可贸易与不可贸易部门的划分则越来越深入、细致。在许多关于国际贸易的研究文献中，都通常认为如果某个产业的出口额大于其总产出的 10%，则该产业就属于可贸易部门；反之，则属于不可贸易部门。在实证研究中，De Gregorio、Givannini 和 Wolf(1994)对 OECD 的 14 个国家的 20 个产业 1970—1985 年的数据进行了分析，对其不同产业的可贸易性比率(出口/总产出)进行了衡量，研究发现，农业、铁矿业、制造业和交通运输业应当归为可贸易产业。但在当前的国际经济学领域，绝大多数学者在研究中依然把服务业作为不可贸易部门。

3.2.2　服务贸易的重要性愈发凸显

上述对于可贸易产业划分的研究都是基于国家的，对于服务业高度集聚的大城市而言，服务贸易的出口比例大大高于 10% 的标准。因此，研究城市可贸易产业时，对于产业可贸易性的划分应不同于上述标准，当前全球服务贸易中占比比较高的服务业都是可贸易产业。根据 UNCTAD 的数据，全球服务贸易额较大的产业包括交通业、旅游业、金融业、保险业、知识产权业、信息软件通信业等，这几大类服务贸易产业的贸易额占到服务贸易总额的70%左右。其中，旅游业和金融业的贸易额占比比较稳定，交通业的占比呈现明显的下降趋势，从2008年的22.58%下降到2017年的17.41%，下降的份额由知识产权服务业和信息软件通信业所取代，其中，知识产权和专利授权服务业在全球服务贸易中的占比由2008年的5.68%上升到2017年的7.11%，信息软件服务业占比从8.3%上升到9.85%，已经超过金融服务业的贸易额(见表3.1)。

表3.1　全球各服务贸易产业占总服务贸易额比重(%)

	2008年	2009年	2010年	2011年	2012年	2013年	2014年	2015年	2016年	2017年
交通	22.58	19.75	21.08	20.48	20.21	19.44	19.08	18.21	17.26	17.41
旅游	23.99	24.45	24.48	24.34	24.45	24.77	24.10	24.20	24.52	24.47
金融	8.81	8.79	8.65	8.79	8.35	8.76	8.65	8.91	8.85	8.67
保险	2.52	2.82	2.43	2.47	2.72	2.68	2.62	2.47	2.53	2.36
知识产权	5.68	6.14	5.98	6.12	6.04	5.99	6.49	6.87	6.98	7.11
信息软件通信	8.30	8.90	8.43	8.73	9.04	9.17	9.31	9.69	9.90	9.85
合计	71.88	70.84	71.06	70.94	70.81	70.80	70.25	70.35	70.03	69.87

资料来源：UNCTAD。

不同的可贸易服务业具有不同的可贸易性。比如交通和旅游服务的可贸易性很强，主要表现为游客在境外消费。电信、软件、信息技术等服务业的可贸易性较强，可以通过外包的方式为海外客户提供服务，产生跨境贸易。各类商业性的专业服务，如会计、法律、咨询服务等，其可贸易性相对较弱，但仍可在一定程度上提供服务出口。虽然这些产业的可贸易性不一，但都应当被认为是可贸易产业。

3.2.3　可贸易产业的划分标准

基于上述对可贸易产业的认定条件，根据国际标准产业分类(ISIC，Rev.4)产业结构划分的方式，可贸易产业包括：(1)农林牧渔业；(2)采矿和采石业；(3)制造业；(4)运输与存储业；(5)信息和通信业；(6)金融和保险业；(7)专业、科学和技术业；(8)艺术、娱乐和文娱业。

而按国民经济行业分类(GB/T 4754-2017)，可贸易产业包括：(1)农林牧渔业；(2)采矿业；(3)制造业；(4)交通运输、仓储和邮政业；(5)信息传输、软件和信息技术服务业；(6)金融业；(7)租赁和商务服务业；(8)科学研究和技术服务业；(9)文化、体育和娱乐业。

必须指出的是，产业的可贸易性可以从产业的国际贸易量中识别，但具体到国家和产业，这个标准并非放诸四海皆准的，而是动态变化的。有些产业曾经是不可贸易产业，但随着信息技术的突破，成为可贸易产业。有些产业在 A 国是可贸易产业，而 B 国该产业实力较弱，不参与国际竞争，可视为不可贸易产业。

3.3　可贸易产业对经济增长的促进作用

3.3.1　可贸易产业与经济发展水平高度相关

我们再看 31 个省会城市和计划单列市的出口金额和人均 GDP、人均公共财政预算收入的关系，发现出口金额的提高与城市居民的富裕程度(人均 GDP 水平)和当地政府的财力(人均公共财政预算收入水平)都呈现出明显的正相关关系。出口金额最高的十个城市为深圳、广州、宁波、厦门、杭州、青岛、南京、郑州、大连、福州，基本代表了当前中国最发达和发展最快的城市，是人均收入水平和政府财政收入都最高的城市。

3.3.2　发达国家占据全球服务贸易的重要份额

由于巴拉萨—萨缪尔森效应假说和国家竞争优势理论出现较早，而服务贸易是随着信息技术的发展才逐渐兴起，因此在早期的理论中并没

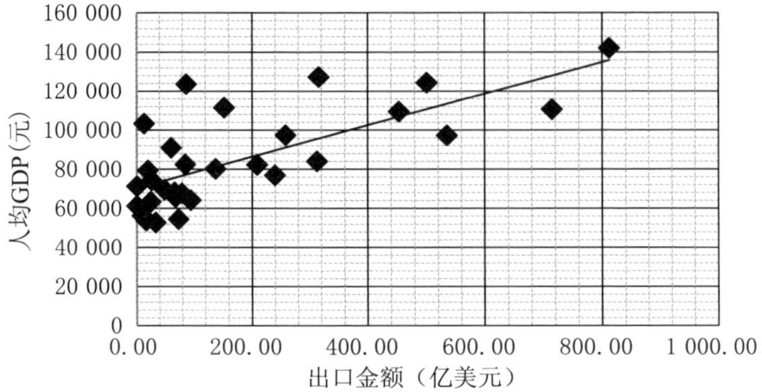

图 3.1　副省级城市和省会城市出口金额和人均 GDP

资料来源:Wind 数据库。

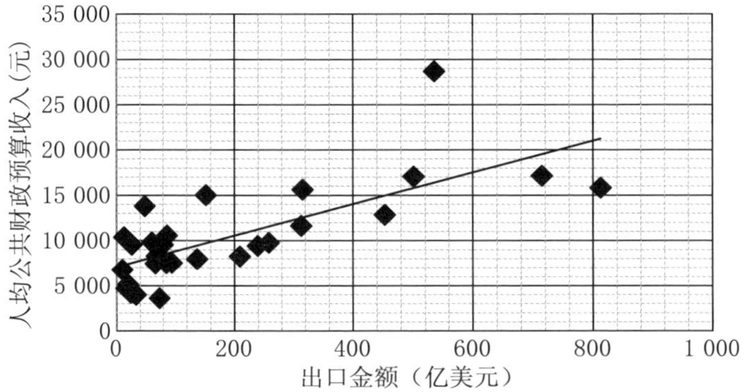

图 3.2　副省级城市和省会城市出口金额和人均公共财政预算收入

资料来源:Wind 数据库。

有专门研究服务贸易的文献,或是将服务业简单看作不可贸易部门的文献。但随着全球服务贸易额的快速增长,服务贸易已经成为国际贸易中不容忽视的一部分,尤其是发达国家占据着全球服务贸易的大部分份额。根据 UNCTAD 和 WTO 的估计,2018 年全球服务贸易额达到 6 万亿美元,相比 2017 年的增速为 8%,占全球贸易总额为 23.53%,其中发达国家服务贸易占全球服务贸易总额的 68%。

服务业的迅速发展正在逐渐改变着发达国家以及部分发展中国家货

物贸易和服务贸易的相对比重，并成为带动其经济增长的一个重要引擎。如自 20 世纪 80 年代以来美国一直是世界最大的服务出口国和进口国，特别是服务出口的规模和顺差都急剧扩大，其服务出口占世界服务的出口份额始终保持在 14%—15%左右。这不仅在一定程度上改善了美国的国际收支状况，而且其服务出口的扩大与国内服务业的发展形成了良性的互动关系，二者的结合大大促进了美国的经济增长。

我们通常只注意到苹果手机生产的全球制造业产业链，却容易忽视由美国软件企业所主导的软件业全球产业链。借助软件外包模式，美国将不具有比较优势的业务活动外包出去，并从现场(on-site)合同式软件服务逐步向离岸软件开发扩展，形成了以美国企业为首的金字塔型的软件业国际价值链分工模式，垄断了全球超过 80%的计算机软件、支撑软件和网络软件市场，同时也在全球构造了最大的软件销售网络，牢牢占据了价值链的高端位置，源源不断地收获着国际服务贸易带来的利益。

3.3.3　发达国家服务贸易有巨大顺差

对中国来说，2018 年贸易总出口 27 535.2 亿美元，其中货物贸易出口总额为 24 866.8 亿美元，服务贸易出口总额为 2 668.4 亿美元，服务贸易出口仅占总贸易出口的 9.69%。而美国的服务贸易出口占总贸易出口的比重为 33.45%，在服务业领域，中国和美国的差距还是非常巨大的。2018 年中国货物进出口贸易顺差 3 509.5 亿美元，而服务贸易逆差达 2 582 亿美元，两者相加的话，中国贸易顺差仅为 927.5 亿美元，而且服务贸易的逆差呈扩大的趋势。当前，大家的目光都聚焦在货物贸易上，关注到中国在货物贸易上的巨大顺差，但如果考虑整个可贸易部门，即货物贸易和服务贸易，那么中国对美国的贸易顺差将大大缩小。由于中国服务贸易的相对落后，以及服务贸易统计的相对困难，数据难以获取，标准不够统一，在过去的进出口贸易统计中，通常只统计货物贸易的数量和金额。但随着服务贸易的愈发重要,亟须将服务贸易纳入经济统计。上海和北京在2018年的城市统计年鉴中都公布了服务贸易的进出口情况。

专栏3.2　全球服务贸易中的中美差异

当前,美国拿自己的货物贸易逆差大做文章,不断挑起针对中国以及全球其他经济体的贸易摩擦,把全球经济复苏推向再度失速的危险边缘。要知道,国际贸易中还包括了近四分之一的服务贸易,那么,美国在全球服务贸易中的地位如何?中国面临怎样的困难和挑战?下一步如何做?

服务贸易增长助推全球经济回升

2012—2016年间,受国际金融危机的后滞影响,全球货物贸易量增长放缓,连续五年低于世界经济增长,国际市场商品需求疲软成为拖累全球经济复苏的重要因素之一。相比之下,全球服务贸易额同期增长好于货物贸易,尤其是2016年,在资源和非资源性商品贸易额仍未摆脱负增长的背景下,率先实现正增长,为2016年下半年以来全球经济回升发挥了引领作用。2017年全球服务贸易(按照出口额计算)金额进一步扩大到5.3万亿美元,同比增长7.4%,其中运输服务贸易增长幅度最大。

受持续较好增长因素的影响,服务贸易占国际贸易总额的比重已经提高到23.1%,增长率对GDP增长率的弹性值大约保持在1.5倍—2.6倍,对国际市场需求和经济增长的带动作用进一步提升。服务贸易较快发展与主要国家经济服务化程度持续上升有着直接的关系,随着电信、运输成本下降、技术进步和交易方式的多样化发展,提供远距离、跨境服务会更加便利和快捷,服务贸易在经济发展和消费生活中的重要性将日趋凸显。另外,国际货币基金组织的一项研究表明,服务贸易出口的不断增长有助于缓解居民收入差距持续扩大压力。对于发展中国家来说，这一点尤其重要。

美国是全球服务贸易的最大受益方

发达国家服务业在全部经济中占比多数超过70%以上，拥有较强的服务供给能力和国际竞争优势，长期以来主导了全球服务贸易发展的方向和规则制定，并且从中获得了巨大经济利益。以美国为例，2006—2016年间，美国的服务贸易顺差由756亿美元增加到2 494亿美元，整整扩大了2.3倍；顺差规模居全球首位；其中包含教育在内的旅游服务顺差扩大了3.1倍，金融服务顺差扩大了1.2倍，知识产权使用费顺差增加了近1倍。据此可以看出，美国是全球服务贸易领域的最大受益方，而且在金融服务、教育和旅游服务、知识产权服务领域拥有很强的优势。

近年来，发展中国家经济的服务化正在加快，具有服务贸易持续扩大的较大潜力。例如根据WTO统计，2010—2016年间，全球服务贸易年均增长速度达到3.7%，其中发展中国家达到4.7%，快于发达国家0.8个百分点。

但即使如此，2016年发达国家服务贸易仍然占到全球的73.7%，相当于发展中国家的2倍。美国等发达国家将长期从服务贸易顺差中获益。多数发展中国家服务贸易收支仍然很难改变长期逆差格局。

中国的服务贸易逆差仍在持续扩大

近年来，中国经济中第三产业的比重稳步提升，服务贸易出口不断增长，占国内经济总量和全球服务贸易的比重也有明显提高。根据WTO统计，2006—2016年间，中国服务贸易出口占国内GDP的比重提高了9.8个百分点，高于美国、英国、日本等1—2个百分点的升幅，比印度高出2.6个百分点，但略低于马来西亚0.6个百分点。另外，中国服务贸易出口占全球的比重在此期间扩大了 1.4 倍，2016 年上升到 4.3% 的较高水平。目前，中国已经是全球排名第二位的服务贸易大国。

但是，中国服务业缺乏足够的国际竞争优势，服务贸易失衡问题十分突出。WTO 统计显示，2006—2016 年间，中国的服务贸易逆差持续扩大，由 68 亿美元飙升到 2442 亿美元的规模，整整增加了 35 倍。根据商务部统计，2017 年，中国服务贸易总额达到 4.7 万亿元，其中贸易逆差 1.6 万亿元，失衡率高达 34%。这说明中国扩大服务进口对促进贸易伙伴国经济增长的积极作用，远大于出口对本国经济增长的直接影响。另外，持续扩大的服务贸易逆差可以对冲部分货物贸易顺差，有利于国际收支总体走向平衡，而且这一作用还在持续扩大。如 2006 年服务贸易顺差仅能够对冲 3.2% 的贸易收支顺差，但 2016 年这一比例上升到 49.4%，中国经常收支失衡状况显著改善。问题是单边主义和贸易保护主义者采取了选择性忽视，仅盯住中国的货物贸易顺差，忽视了中国在多边，尤其是中美双边服务贸易中存在的巨额逆差。中国的服务贸易不能仅仅充当对冲器的作用，不论是出口还是进口都存在巨大的发展空间。中国要从服务贸易大国迈向贸易强国，还有很长的路要走。

资料来源：赵晋平，《全球服务贸易中的中美差异》，《中国经济时报》，2018 年 7 月 23 日。

3.3.4　新兴可贸易服务业带动经济快速增长

在实际的经济发展中，新兴可贸易服务业已经体现出极强的经济带动能力、就业解决能力和高附加值。我们从研发支出和研发强度两个角度来看产业和公司未来创新驱动发展的能力。从上市公司 2018 年年报的数据可以发现，研发支出位列上市公司前 100 位的企业，主要分布在计算机、通信和其他电子设备制造业、汽车制造业、土木工程建筑业和软件和信息技术服务业。

表 3.2　各行业研发支出位列上市公司前 100 的数量

行　　业	数　量
计算机、通信和其他电子设备制造业	24
汽车制造业	12
土木工程建筑业	9
软件和信息技术服务业	7
专用设备制造业	6
黑色金属冶炼及压延加工	5
医药制造业	3
互联网和相关服务	2

资料来源：Wind 数据库。

研发强度 100 强企业高度集中于软件和信息技术服务业、互联网和相关服务业，两类公司相加占到 100 家企业的一半。其次是计算机、通信和其他电子设备制造业，有 25 家。医药制造业也有 6 家。这几大行业的企业占到总企业数量的 80%，反映了未来经济新动能的主要来源。

表 3.3　各行业研发强度位列上市公司前 100 的数量

行　　业	数　量
软件和信息技术服务业	38
计算机、通信和其他电子设备制造业	25
互联网和相关服务	11
医药制造业	6

资料来源：Wind 数据库。

这些研发支出较多、研发强度较强的公司及其所在产业将成为未来经济增长的主要动能，与新一代信息技术相关的硬件和软件已经是当之无愧的主角，这些产业不再局限于传统的制造业，但同时具备可贸易的特性，是新兴的可贸易服务业。

3.4 对可贸易产业国际竞争力的衡量

为了对城市的可贸易产业国际竞争力进行比较系统的分析和评价，本书试图从两个角度对可贸易产业的国际竞争力进行评价。

3.4.1 服务贸易的国际竞争力视角

一种对可贸易产业的国际竞争力的评价方法是从国际贸易的角度出发，用不同国家服务贸易的国际竞争力来表示该国大城市可贸易产业的国际竞争力，进而计算城市可贸易产业的整体国际竞争力。由于服务贸易主要发生在大城市，因此用国家的服务贸易竞争力来表示大城市的国际竞争力也比较合理。常用的指标有 *RCA*（显性比较优势）和 *TC*（贸易竞争力指数）等，这两个指标都对其贸易总体和主要部门的竞争力进行度量，本书主要采用 *RCA* 指数进行测度。

RCA 即显示性比较优势（revealed comparative adavantage），衡量的是一个国家的总出口中某类产品在其中所占的份额相对于该类产品在世界总的贸易额中所占的比例，可用于对一国的货物贸易或服务贸易的国际竞争力进行的测度。实践中，*RCA* 指数既可以用来计算服务业整体的显示性比较优势，也可以用来分析该国的服务行业在某地区的竞争力状况。计算公式为：

$$RCA_i = \frac{X_i/X}{W_i/W}$$

其中，X_i 为某国 i 类产品的出口额（可以是货物出口也可以是服务出口），X 为该国所有产品的出口额；W_i 为该类产品的全球出口额，W 为所有产品的全球出口总额。通常情况下，若 $RCA \geqslant 2.5$，则该国的该类产业具有很强的国际竞争力；若 $1.25 \leqslant RCA < 2.5$，则该产业具有较强的竞

争力；若 $0.8 \leqslant RCA < 1.25$，则该国的该产业竞争力一般；若 $RCA < 0.8$，则该国的该产业竞争力较弱(见表 3.4)。

表 3.4　2017 年全球主要国家服务贸易产业的 *RCA* 指数比较

	中国	法国	德国	印度	意大利	日本	韩国	荷兰	新加坡	英国	美国
交通	0.37	1.39	0.87	0.85	0.55	0.95	0.90	1.23	1.99	1.17	0.91
旅游	0.28	1.03	0.40	0.97	1.27	0.67	0.35	0.35	0.61	0.97	1.52
金融	0.07	0.71	0.66	0.45	0.45	0.58	0.16	0.33	1.99	5.19	2.24
保险	0.30	1.49	1.01	0.91	0.56	0.40	0.26	0.31	2.04	4.43	1.38
知识产权	0.12	1.22	0.67	0.08	0.45	2.85	0.64	4.44	0.88	1.29	3.28
信息软件通信	0.49	0.98	0.91	4.85	0.65	0.23	0.28	1.46	0.87	1.40	0.72

资料来源：作者根据 UNCTAD 数据计算。

3.4.2　可贸易产业的劳动生产率视角

另一种对可贸易产业的国际竞争力的评价方法是从城市各可贸易产业本身出发，以各产业的劳动生产率表示该产业的国际竞争力，进而计算可贸易产业的整体劳动生产率(见表 3.5)。

表 3.5　全球主要城市各产业劳动生产率(万美元/人)

	巴黎	柏林	东京	首尔都市圈	首尔	大伦敦	伦敦城	纽约州
工业	16.32	11.71	11.08	8.40	4.82	12.78	16.05	14.01
房地产业	72.43	43.58	46.08	24.30	27.71	66.75	35.35	26.32
贸易交通餐饮	7.77	4.46	7.31	3.57	4.73	6.38	7.01	5.78
制造业	12.56	10.31		8.13	4.51	9.67	10.64	12.64
通信和信息	16.92	11.63	13.29	8.83	11.93	12.88	12.60	32.12
农业	0.01	1.31	14.04	2.03	14.62	2.81		4.59
建筑业	9.58	5.77	9.89	3.13	2.77	8.47	9.36	7.69
金融和保险业	19.77	12.46	22.50	11.77	16.03	22.80	23.71	25.20
科研和技术	9.66	6.07	0.00	5.35	7.22	7.66	9.08	9.47
公共管理	8.55	5.96	4.97	5.19	5.76	6.39	7.80	7.78
其他服务业	6.04	4.66	14.17	2.63	2.77	6.28	7.35	3.94
平均劳动生产率	11.66	7.26	10.33	5.69	6.52	9.94	12.58	10.37

资料来源：作者根据 OECD regional database 数据计算。

城市产业结构升级指数就可以用以下方式进行衡量：

$$TIC = \sum_{i=1}^{n} s_i C_i$$

TIC（tradable industries competitiveness）为城市可贸易产业的整体竞争力，s_i 为第 i 个可贸易产业在城市产业结构中所占比重，C_i 为该可贸易产业的国际竞争力。

通过计算，我们可以获得不同国家的大城市在国际贸易和经济交往中真正的国际竞争力，剔除掉不同国家因产业结构差异所显示出来的劳动生产率差别。具体城市间的差异会在后文进行比较。

第 4 章　上海产业结构升级的基本情况和规律

改革开放后，上海的经济发展经历了几个不同时期，根据上海产业结构的变化、产业政策的着力方向、相对于全国的 GDP 增速，大致可以分为四个阶段（见表 4.1）。

表 4.1　上海产业结构变化（%）

	1980 年	1990 年	2000 年	2010 年	2017 年
第一产业	3.24	4.31	1.83	0.66	0.36
第二产业	75.7	63.81	47.54	42.05	30.46
第三产业	21.06	31.92	50.63	57.28	69.18
工业	74.02	59.08	42.99	38.08	27.40
建筑业	1.68	4.73	4.55	3.97	3.17
批发和零售业		6.85	10.66	15.11	14.34
交通运输、仓储和邮政业	4.95	8.25	6.93	4.86	4.39
信息传输、软件和信息技术服务业				3.94	6.08
金融业	2.51	9.40	15.05	11.37	17.40
房地产业	0.16	0.50	5.53	5.84	6.11
租赁和商务服务业				4.52	5.84
科学研究和技术服务业		1.40	1.58	2.28	3.67

资料来源：上海统计年鉴。

4.1　20 世纪 80 年代：经济缓慢增长，重点发展轻工业

改革开放前，国内经济发展环境相对均质化，在赶超战略指导下，上海也选择了以优先发展重工业为目标的发展战略，是“超前重化工业化”

阶段。由于发展基础薄弱,加之过分超前的发展战略,总体而言这是一个一、二、三产都增长相对缓慢的时期。但是,在这一阶段,上海也积累了钢铁、石化等重化工业的发展基础,上海工业产值在全国遥遥领先。

4.1.1 面临内外竞争,遭遇较大困境

进入80年代,上海经济发展遭遇较大困境,经济形势比较严峻。一方面,改革开放后全国范围内迅速推进的工业化浪潮,对上海工业发展形成竞争态势。周边地区的工业迅速发展,乡镇企业快速崛起,在许多工业产品领域形成了与上海竞争的局面,上海工业企业里的工程师和技术员也通过灵活的体制机制将先进技术和管理经验带到周边城市的工厂,区域间工业发展的差距逐步缩小。到20世纪80年代中后期,上海周边地区在厂房、设备和劳动力等方面的条件已经部分优于上海。上海的工业企业所生产的工业品在品种、质量乃至品牌等方面的优势逐步衰退,市场份额逐年缩减,迫使上海进行产业结构调整。另一方面,市场经济体制改革的不断深化和确立,逐步取消了计划经济条件下对上海工业所需原材料进行计划调拨的制度,对于依赖外部原材料和能源供给的上海工业形成强大冲击。两方夹击之下,上海工业的原材料成本优势和品牌价格优势都逐步丧失。

此外,上海工业还遭遇来自珠三角地区的激烈竞争。在国家进一步推动对外开放的背景下,广东等地在国家政策支持下率先实施对外开放,通过大规模开展“三来一补”和创办合资企业,大量引进境外直接投资、先进技术和管理方式,工业迅猛发展,各类工业产品产出大幅增加。这些均给上海工业已有的规模和技术优势带来激烈竞争,使上海工业原有的规模和技术优势迅速消失。

4.1.2 调整重工业,重点发展轻工业

在这种严峻的形势下,改革开放初期的80年代,上海工业发展速度

下降，不但低于全国平均水平，而且与全国工业发展速度差距逐年扩大。同时，由于市场竞争的加剧，上海工业的整体效益也急速滑坡。上海工业总产值与实现利税总额占全国的比重，分别从 1978 年的 12.1%和 19.4%下降到 1989 年的 7.2%和 10.3%。

80 年代的内外环境压力，促使上海进行产业结构调整。在 80 年代初期，上海出台了轻纺工业和出口替代工业优先发展的政策，并且调整冶金、化工、机械等重化工业的产品结构，使之能更好地为消费品工业服务。同时，提出了纺织、仪表电器、轻工等老的“八大工业”。到 80 年代中期，重点发展短线产品，增加生产供给能力，提高产品质量，填补市场空缺，作出了加快发展消费品生产、调整重工业的服务方向、进行工业改组的调整措施。此阶段主要的工业产品，如作为当时消费热点的自行车、缝纫机和手表“老三件”，以及当时的“时髦消费品”录音机，都有了较大的增长。

4.2　20 世纪 90 年代：经济高速增长，重点发展服务业和支柱产业

在 90 年代，“三、二、一”是一以贯之的产业发展战略。在工业方面，确立了汽车工业、通信设备工业、成套设备制造业、石油化工和精细化工工业、钢铁工业、家用电子电器工业等六大支柱产业，提出了培育发展以电子信息、现代生物与医药和新材料为代表的高新技术产业。第三产业、工业六大支柱产业和高新技术产业成为主要经济增长点。

4.2.1　浦东开发带动经济跃升

进入 20 世纪 90 年代，改革开放的意义、作用和方针得到基本肯定。在这样的背景下，上海浦东的开发开放成为中央继续扩大改革开放的空间与范围的重要着力点，上海产业结构从适应性调整向战略性调整转移。

党的十四大作出了“以浦东开发开放为龙头，进一步开放长江沿岸城市，尽快把上海建设成国际经济、金融和贸易中心城市之一，带动长江三角洲和整个长江流域地区经济的新飞跃”的重大战略定位，为上海在20世纪90年代的体制改革与经济增长转型开辟了道路。上海成为90年代改革开放的重点地区，获得较多的政策倾斜，逐步由改革开放的“后卫”变成前沿阵地。以浦东开发为契机，上海进入了经济腾飞的新时期。

4.2.2　第三产业加快发展

第三产业在国民生产总值中的占比于1999年达到了49.59%，首次超越第二产业。在90年代，中央政府和上海地方政府对上海经济的发展战略和产业政策进行了重大修改和调整，1994年上海的发展战略定位为“在本世纪末到下世纪初，将上海基本建成国际经济、金融和贸易中心”，不断增强以金融、贸易等为主的城市功能，培育新的经济增长点。上海以辐射长江、服务全国为宗旨，以培育市场体系为主导，以现代化技术装备为基础，重点发展金融保险、商品流通、交通通信、房地产、旅游和信息咨询等六个行业。在这个十年里，第三产业占国民生产总值的比重由1990年的31.9%，提高到2000年的50.6%。

4.2.3　六大支柱产业迅速崛起

六大支柱产业推动上海产业结构重化工业化。到90年代，由于加工工业的市场化程度高于基础产业且市场需求旺盛，出现了基础工业的“瓶颈”，因此上海市政府加大了对能源、交通、通信等部门的投资；同时，将工业的一些低附加值部门（如纺织业、传统钢铁工业）关停或转移到长三角和国内其他省市。上海基本确立了汽车工业、通信设备工业、成套设备制造业、石油化工和精细化工工业、钢铁工业、家用电子电器工业等六大支柱产业。六大支柱产业占全市工业总产值的比重在1990年时为34.5%，到 2000 年已超过 50%。

4.2.4　高新技术产业在工业园区形成集聚

高新技术产业迅速发展，在工业开发区和高科技园区形成产业集聚。在六大支柱产业确立后，上海提出了培育发展以电子信息、现代生物与医药和新材料为代表的高新技术产业，初步形成开发区基本框架，工业新高地建设取得重大进展，高新技术工业进一步向工业开发区和高科技园区集中。到 2000 年，高新技术产业产值占工业总产值的比重超过 20%。

4.3　2000—2010 年：经济快速增长，服务业高级化和制造业升级

进入 21 世纪，世界经济呈现出经济全球化与区域一体化进程加快的趋势。中国加入 WTO 后，对外开放程度进一步扩大，为上海经济发展提供了广阔的空间。同时，长三角区域一体化进程进一步加速，逐步从以要素层面为核心向以制度层面为核心的区域合作转变。在这一时期，上海继续坚持和深化"三、二、一"的产业发展方针，加快形成了以服务业为主的产业结构，进一步强化了支柱产业对经济增长和结构升级的带动作用，强调了科技进步和信息化对产业升级和传统产业改造的推动作用。

4.3.1　建设"四个中心"

上海的产业政策出现新的变化，即以长三角的经济合作与协同发展作为新的经济增长点，放弃与江浙两地对制造业的争夺，改而向高端生产、服务业融合领域进军，并为长三角世界级制造基地提供服务支撑。在这段时期内，上海通过各种产业政策逐步建立了经济中心、金融中心、贸易中心、航运中心的地位。上海的产业结构优化布局与长三角区

域融合、与全球经济融合、与建设国际大都市的战略目标相一致，成为发展的总体指导思想。上海的GDP增速惊人，几乎每年都超过全国的增速水平。

4.3.2 服务业进一步高端化

服务业在经济结构中的比重持续上升，但增速有所放缓。以信息化为基础，以现代服务业集聚区为突破口，金融、物流、文化等产业成为重点发展产业，一批大型服务企业集团迅速成长，上海的服务产业通过集聚各类高端人才，积极承接国际服务外包业务，规模与能级都大幅提升。除金融业、物流业、文化及相关产业成为重点发展产业外，会展旅游、专业服务、社区服务等产业也有很大幅度的提升，商贸、房地产等产业稳中有升。第三产业占国民生产总值的比重由2000年的50.63%上升到2010年的57.28%。

4.3.3 重新定义支柱产业

在90年代提出的六大支柱工业产业的基础上，"十五"计划提出"发展信息、金融、商贸、汽车、成套设备、房地产六大支柱产业，努力扩大信息、汽车、成套设备等产品与技术的出口，强化金融、商贸对外辐射能力"，服务业对于经济发展的支柱作用被进一步提高，只有汽车和成套设备两大制造业被列入支柱产业，还对传统工业提出要"突出重点，有进有退"。但是，自1998年开始，上海重工业发展在加速，工业发展重新进入重化工业化阶段。与改革开放前主要通过政府直接干预、扭曲要素价格推进重化工业的快速增长不同，此次重化工业化是工业增长自身发展的需要。同时，上海成为承接国际产业转移的重要基地，主要由外商投资的电子信息产品制造业急速扩张，其占工业总产值的比重由2000年的15.02%上升到2010年的23.34%。在发展先进制造的同时，上海也培育了以研发行业为代表的生产性服务业。在 2008 年上海市政府和发改委公布的《上海产业发展重点支持目录》中，涉及重点支持的产业群共 20 个，前 8 个为现代服务业，后 12 个为先进制造业。

4.3.4　实施信息化发展战略

上海提出以信息化带动工业化发展，强化科技进步和信息化对产业升级和传统产业改造的推动作用；加强信息基础设施建设，着力推进信息科技的研究开发与创新；以培育龙头企业和拳头产品为依托，加快提高信息产业的规模化、现代化水平，通过信息化改造传统产业和带动产业结构优化升级。上海提出加大信息基础设施建设，使城市信息化整体水平达到发达国家中心城市的平均水平；推进信息技术的应用渗透和融合发展；根据数字化、网络化、智能化总体趋势，以研发设计、自主品牌建设为重点，加快集成电路、软件、新型元器件等关键技术研发及核心产业发展，做大做强信息产业。

尽管在产业政策上提出很多有益的发展方向和扶持政策，但整体而言，上海高端产业的自主创新能力依然不足，创新体系和创新环境有待改善，服务业发展仍相对滞后，制造业缺乏核心技术和自主品牌，加快产业结构升级更加迫切。

4.4　2010 年至今：发展速度放缓，高度重视科技创新

自美国次贷危机所引发的国际金融危机以来，上海的经济发展深受外部环境变化所带来的重大影响，尤其是美国次贷危机所导致的负面影响。同时国内经济也进入减速换挡时期，多期叠加的内外部环境对上海的经济发展提出了严峻的考验，上海 GDP 的增速自改革开放以来再次进入缓慢发展时期。

4.4.1 推动制造业高端化发展

与此同时，制造业成为全球竞争的新焦点，德国工业4.0、美国的“再工业化”和“工业互联网”等战略都对上海产业结构升级提出了新的挑战。国内的供给侧结构性改革和消费结构升级换代，也倒逼上海产业结构升级。国家实施的“中国制造2025”和“互联网+”规划，要求制造业实现由大变强的新跨越。国内外环境都将产业结构升级置于第一重要的位置。

上海的产业结构升级进入新阶段，向高端化、集约化和服务化发展。根据产业结构升级和二、三产业融合的发展方针，上海积极推动制造业转型升级和结构优化，不断提升发展质量和效益水平，到2015年，全市规模以上工业增加值年均增长4.3%，工业利润年均增长3.5%，战略性新兴产业增加值占GDP比重15%，工业增加值占GDP比重28.5%，工业税收占全市税收29.9%。

4.4.2 以创新驱动经济高质量发展

以创新驱动发展，提升产业竞争力。创新对推动产业结构优化升级十分重要，是增强城市国际竞争力的必由之路。上海按照形成服务经济为主的产业结构方向，优先发展现代服务业和先进制造业；注重发展知识经济、循环经济和集群经济，实现经济增长的动力的转变、方式的转变和产业布局结构转变。以服务经济为主的产业结构逐步形成，研发机构、跨国集团总部在上海渐次布局，生产性服务业成为新增长点，高新技术产业的地位不断提高。自2015年以来，上海经济增速开始略高于全国增速，产业结构升级的成效开始显现。

专栏4.1 走出创新发展的上海之路

未来的上海是什么样的？创新之城充满活力、更有朝气；人文之城公正包容、更富魅力；生态之城更具韧性、更可持续。其中创新作为“首善”，对于上海未来发展具有重要意义。打造创新之城，需要走出一条创新发展的上海之路。

以改革推动融合创新

上海要创新发展，既与上海在全国乃至全球经济中的地位有关，又与上海现有的经济格局密切相关。上海建设具有全球影响力的科技创新中心，是由上海在全国乃至全球的经济地位决定的，而上海现有经济格局则要求上海的创新发展既要符合一般规律，又要具有自身特点。上海现有经济格局的哪些特点会影响创新发展？国有企业、外资企业比重较高，以及大中型企业比重较高，应是两个特点。

国企不能置身“双创”之外

如果上海国企在内部创业创新方面有新作为，将会对上海的创新发展之路作出自己的贡献。创业、创新是一种态度、一种精神。企业持续的内部创业，是企业做强做大的必然选择。在今天的中国，已经有了很多这方面的成功案例。例如，航天科工集团打造航天云网，开展“双创”，依托“互联网＋”平台。其不仅内部活跃着 2 000 多个“双创”团队，而且广泛聚集社会上各类创客和创新资源，既解决自身难题，更带动提升全社会创业创新热情和创造能力。

深刻理解“创新驱动”当下含义

当前，一方面，国有企业正面临通过建立混合所有制的深化改革，形成具有竞争力的公司制度；另一方面，广大民营企业、初创企业需要不断发掘业务空间和发展领域。二者通过“双创”的契机，将后者的新产品、新服务和新技术，特别是比较灵活的机制，融合到前者的改革与发展之中，是一篇具有巨大社会价值的大文章。这方面的生动实践已经开始。

“全球创新企业、创新机构密集，国际科技精英和各类人才云集，世界创新资源、要素和资本聚集，创新智慧无处不在，创新创造活力竞相迸发。”这是党代会报告中对创新之城的描述。要实现这一愿景，我们需要深刻理解“创新驱动”在当下的含义。智慧与活力，这不是简单或者局部创新所能带来的。我们期待，在上海出现更加广泛的融合发展的生动实践，由此探索并形成创新发展的上海之路。

资料来源：陈宪：《走出创新发展的上海之路》，上观新闻，2017 年 5 月 18 日。

4.5 对上海产业结构升级的一些规律性总结

4.5.1 上海的经济增长呈现较强的周期性

上海的经济增长与全国经济发展的步调基本一致，呈现出较为明显的周期性。上海经济增长速度的三次阶段性低点分别发生在 1989—1990 年、1998—1999 年、2008—2009 年，与全国 GDP 增速阶段性见底的时间基本同步，见底时的增速也基本保持一致。可以说，上海的经济增长

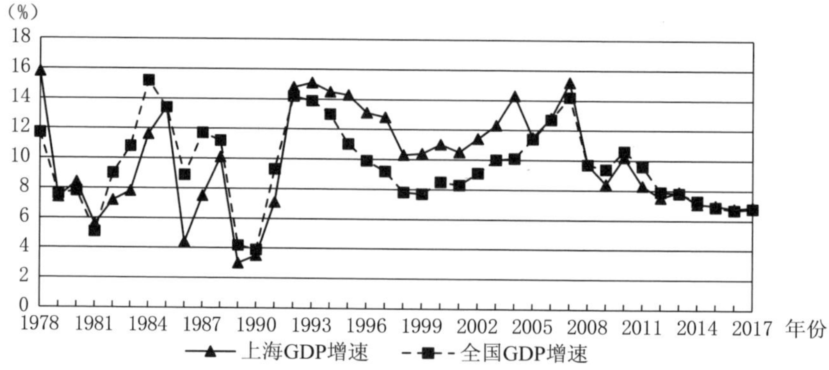

图 4.1 上海 GDP 和全国 GDP 增速比较

资料来源：中国统计年鉴，上海统计年鉴。

和产业结构升级是建立在中国经济高速增长和产业结构快速升级的基础之上的，要研究上海的经济发展和产业结构升级，必须牢牢立足于中国经济发展和产业结构升级的大背景。

4.5.2　改革和开放是上海经济增长的关键驱动力

上海经济的高速发展和产业结构升级离不开改革开放。上海经济高速发展且增速高于全国 GDP 增速的时期主要集中于 1992—2007 年，即从浦东开发一直到爆发全球金融危机前的这 15 年时间。浦东开发和加入 WTO 成为上海经济高速增长、产业结构不断升级的最重要的影响因素。当上海改革，开放的力度有所减弱时，上海的经济发展速度就变得相对缓慢。面对长三角一体化、自贸区试验新片区、科创板、进口博览会等新的改革开放机遇，上海要加大改革开放力度、广度和深度，加快推动经济发展和产业结构升级。

4.5.3　第二产业曾经是上海经济波动的稳定器

第二产业是上海经济增长的稳定器，其增长加速由(内外部)“危机＋政策”共同驱动。结合上海的经济增速和二、三产业增速，可以发现第二产业是上海经济波动的“稳定器”；如果没有第二产业，上海的经济波动会大大增加。制造业受政府投资和产业政策的影响较大，有较强的逆周期性，能起到熨平经济波动的作用。自 1980 年以来，上海第二产业增速超过第三产业的时间总共只有三次。第一次是 1989—1990 年，全国性的经济失速，中央向上海释出浦东开发开放的政策大利好，上海第二产业投资大增，经济快速增长。第二次是 1998 年东南亚金融风暴后，伴随着中国加入 WTO，第二产业增速在 2001 年超过第三产业，直至 2004 年被反超。第三次是欧美次贷危机后，中央推出“四万亿”政策，第二产业在 2010 年增速飙升到 16.5％，超过第三产业的增速，随后迅速回落。当前，面对中美贸易摩擦升级所带来的威胁和欧美国家“再工业化”的潮流，上海再次把制造业提高到重要地位，并提出制造业在国民经济中的比重要保持在25%以上。第二产业是否能触底反弹并带动经济增长，还需拭目以待。

4.5.4 信息技术正在颠覆传统三次产业划分方式

随着信息技术产业的快速发展，以及对传统制造业和其他服务业的彻底改造，都使传统的二、三产业划分方法成为一个有较大局限性的概念。到 2017 年，上海市信息传输、软件和信息技术服务业就业人口已经达到 52.47 万人，超过任一六大重点工业就业人数，超过金融从业人员 35.54 万人和房地产 51.88 万人。这也是上海在过去几年唯一就业人数持续增长、工资收入快速提高的行业，2017 年平均工资为 140 361 元，仅次于金融业和采矿业，依然保持快速增长的势头。由于传统服务业劳动生产率低，因此，当一个国家或地区的经济从工业化时期转向服务业占主导的后工业化时期时，经济增速就会普遍下降。而部分高薪的生产性服务业虽然劳动生产率高，但就业容纳能力小，不足以支撑整个服务业的高增长和高收入。未来服务业是否可以实现就业、劳动生产率的双增长，关键得看信息传输、软件和信息技术服务业的发展。

第 5 章　以制造业为代表的可贸易产业结构升级

在很长的时期里，制造业与可贸易产业几乎是同义词，因为制造业制成品是可贸易的，而服务通常是难以贸易的。直到 2018 年，服务贸易出口仍仅占中国总贸易出口额的 9.69%。因此，当我们回溯过去的可贸易产业结构升级时，制造业内部结构的变动就基本反映了不同时期的一个国家和一个城市的相对国际竞争优势。

发展中国家产业结构升级的一个显著特点是不断提高中高技术产业在制造业中的比重，使产业竞争力逐步转向中高技术产业。如果制造业结构长期停留在劳动密集型为主的低技术产业，将导致经济增长乏力，劳动收入无法提高，服务业也无法真正增长。哪怕自然资源非常丰富的国家，也难以越过“中等收入陷阱”，步入发达国家行列。只有制造业结构的快速升级，才能推动经济的持续和稳定增长。

5.1　从技术水平变化看产业结构升级

5.1.1　将制造业分为低、中、高技术产业

联合国工业与发展组织基于技术水平对制造业内部不同产业进行了分类，在 2016 年的工业发展报告中，将制造业分为低技术产业、中技术产业和高技术产业三大类，在 2018 年的工业发展报告中，进一步将高技术

产业分为中高技术产业和高技术产业。

表 5.1 不同行业技术水平的划分

国际标准行业分类(ISIC)	ISIC Rev3	2016 年	2018 年
食品及饮料的制造	15	低技术	低技术
烟草制品的制造	16	低技术	低技术
纺织业	17	低技术	低技术
服装制造;毛皮修整与染色	18	低技术	低技术
皮革的鞣制及修整;皮箱、手提包、马具、挽具及鞋靴的制造	19	低技术	低技术
木材、木材制品及软木制品的制造,但家居除外;草编物品及编织材料物品的制造	20	低技术	低技术
纸和纸制品的制造	21	低技术	低技术
出版、印刷及记录媒介物的复制	22	低技术	低技术
家居的制造;未分类的制造业	36	低技术	低技术
石油加工、炼焦及核燃料加工业	23	中技术	中低技术
橡胶和塑料制品的制造	25	中技术	中低技术
非金属矿物制品业	26	中技术	中低技术
基本金属制品业	27	中技术	中低技术
金属制品的制造,但机械设备除外	28	中技术	中低技术
轮船制造与维修	351	中技术	中低技术
化学品及化学制品制造业(不包括药品、医药化学和植物药材的制造)	24 (不含 2423)	高技术	中高技术
机械和设备制造业	29	高技术	中高技术
电气机械及器材制造业	31	高技术	中高技术
汽车制造业	34	高技术	中高技术
铁路、轨道交通等运输设备制造业	352	高技术	中高技术
其他运输设备制造业	359	高技术	中高技术
药品、医药化学和植物药材制造业	2 423	高技术	高技术
计算设备制造业	30	高技术	高技术
无线电、电视和通信设备和装置的制造	32	高技术	高技术
医疗器械、精密仪器和化学仪器、钟表的制造	33	高技术	高技术
航空航天设备制造业	353	高技术	高技术

资料来源:*Industrial Development Report*, 2016, 2018。

根据联合国工业与发展组织关于制造业内部不同技术等级的划分,制造业中的高技术产业主要包括三大类:一是机械性的产品制造工程部门，包括机械制造、交通运输、仪器仪表等；二是化学方面的产业，包括石油冶炼、化学制品、医药制造业等；三是电子电气设备制造业，包括信息技术、通信设备和家用电器等。

此外，通过对美国 1963—1990 年专利授权数的研究，也可以从一定程度上认定高技术产业。在这 30 年间，专利授权的技术领域主要集中在三大产业：包括计算机在内的电子信息技术产品，占专利数的 46%；包括制药和生物技术在内的化学工业产品，专利数占比为 24%；包括运输设备在内的机械工业占 18%，其中很大一部分的专利又是同电子技术相关联的。这基本反映了在过去半个世纪里技术进步最快、创新数量最大的三大产业。

5.1.2　制造业内部结构优化升级

为深入了解不同技术水平制造业结构的变化，我们进一步分析制造业细分行业从 1980 年到 2017 年的产值结构变化。

表 5.2　上海制造业内部细分产业的结构变化(%)

制　造　业	1980 年	1990 年	2000 年	2010 年	2017 年
农副食品加工业	0.18	0.85	1.32	0.92	0.99
食品制造业	3.30	3.22	1.85	1.56	1.84
饮料制造业	0.43	0.75	1.03	0.60	0.32
烟草制品业	0.87	0.95	1.34	1.90	2.70
纺织业	19.85	12.50	4.05	1.46	0.57
纺织服装、鞋、帽制造业	2.65	3.57	3.81	1.63	1.00
皮革、毛皮、羽毛(绒)及其制品业	0.69	1.01	0.92	0.49	0.57
木材加工及木、竹、藤、棕、草制品业	0.57	0.37	1.32	0.30	0.17
家具制造业	0.44	0.31	0.47	0.91	1.01
造纸及纸制品业	1.21	1.36	1.15	0.92	0.74
印刷业和记录媒介复制业	0.67	0.99	1.10	0.71	0.57
文教体育用品制造业	1.55	1.87	1.33	0.53	1.19
石油加工、炼焦及核燃料加工业	2.13	2.12	3.19	4.78	3.74
化学原料及化学制品制造业	7.34	6.69	6.92	8.04	8.99
医药制造业	2.27	2.31	2.07	1.45	2.38
化学纤维制造业	3.51	4.34	3.71	0.15	0.09
橡胶和塑料制品业	3.94	4.07	3.59	2.90	2.85

（续表）

制　造　业	1980年	1990年	2000年	2010年	2017年
非金属矿物制品业	1.87	1.99	2.24	1.81	1.77
黑色金属冶炼及压延加工业	7.76	8.40	9.32	6.06	4.06
有色金属冶炼及压延加工业	3.25	2.33	1.53	1.56	1.32
金属制品业	3.67	3.77	4.89	3.19	2.70
通用设备制造业	11.65	13.21	5.47	8.43	7.94
专用设备制造业			2.70	3.79	4.03
交通运输设备制造业	3.25	4.79	12.12	15.74	23.28
电气机械及器材制造业	4.84	6.33	7.23	6.90	6.66
通信设备、计算机及其他电子设备制造业	6.83	7.40	12.49	21.20	17.16
仪器仪表制造业	2.01	1.43	1.67	1.25	1.24
其他制造业	0.53	0.36	1.17	0.83	0.14

注：由于统计口径的原因，1980年和1990年只有机械工业的统计数据，没有通用设备制造业和专用设备制造业。

资料来源：上海统计年鉴。

我们对1980年以来上海制造业内部结构的变动作数据分析，将28个制造业根据不同的技术水平分为低技术产业、中技术产业和高技术产业三大类行业。

改革开放初期低技术产业占制造业总产值的比重为32.42%，从1990—2010年，低技术产业经历了快速的下降，从27.74%下降到11.92%。中技术制造业在90年代稳步上升，在2000年达到24.76%，自21世纪以来持续下降，到2017年，占比为16.44%。只有高技术制造业在制造业总产值所占比重持续攀升，从1980年的42.23%上升到2017年的71.91%，在制造业中占比已经超过2/3。

表5.3　以技术水平划分的上海制造业结构变化（%）

	1980年	1990年	2000年	2010年	2017年
低技术	32.42	27.74	19.69	11.92	11.65
中技术	22.61	22.68	24.76	20.31	16.44
高技术	42.23	46.86	55.55	67.77	71.91

资料来源：上海统计年鉴。

5.1.3　以纺织业为代表的低技术制造业比重日益下降

纺织业是改革开放初期上海经济的支柱产业，在 1980 年，纺织业产值占制造业总产值的比重达 19.85%，而当时的第二产业占 GDP 总量的 75.7%，可见纺织业对改革开放初期的上海经济的支柱性作用是后来的任何行业所难以比拟的。除纺织业以外，纺织服装、鞋、帽制造业，食品制造业等轻工业在制造业中所占比重也较高。随着上海市的产业结构的持续升级，在政府产业政策的干预下，以纺织业为代表的轻工业在经济中的比重不断下降，纺织业大幅度下降是在 1985 年之后，从占制造业的 18.06% 下降到 1995 年的 7.84%，到 2000 年只占制造业的 4.05%。截至 2017 年，各轻工业细分行业的产值在制造业所占比重大多已低于 1%，只留下一部分同城市生活密切相关的都市型产业存在。轻工业中唯一例外的是烟草行业，在制造业中所占比重持续上升。

5.1.4　以重化工业为代表的中技术制造业占比先升后降

以重化工业为代表的中技术制造业的比重在上世纪八九十年代不断上升，但进入 21 世纪后稳中有降。重化工行业包括石油、钢铁、金属制品、橡胶和塑料等产业，20 世纪八九十年代，这些行业在产业结构中所占比重的上升同国家的重化工业发展阶段是基本一致的，也与上海产业结构调整的政策息息相关。进入 21 世纪以来，上海产业政策进一步调整，在“十五”计划中，新提出的六大支柱产业为信息、金融、商贸、汽车、成套设备和房地产，制造业中只有汽车和成套设备入选，而对传统基础产业，“十五”计划则提出要突出重点、有进有退。重化工业在产业结构中的比重开始稳中有降。

5.1.5　以技术密集为特征的高技术制造业占比快速上升

高技术制造业，尤其是交通运输设备制造业（主要是汽车制造业）和通信设备、计算机及其他电子设备制造业。其中，交通运输设备制造业在制造业所占比重在 2017 年达到 23.28%，而通信设备、计算机及其他电子设备制造业在 2010 年达到 21.2%以后，经历了一定幅度的下降，到 2017 年为 17.16%。通用设备和专用设备制造业两个行业相加约为制造业总产值的 12%，也是上海当前的支柱产业。这些产业属于技术密集型制造业，在联合国工业与发展组织关于制造业内部不同技术等级的划分中属于高技术产业。

研究发现，上海改革开放 40 年来，制造业结构经历了明显的产业升级过程，体现为以劳动密集型为特征的低技术产业占比下降，以重化工业为代表的中技术产业比例先提高，后稳中有降，而技术密集型的高技术产业占比快速上升。

专栏 5.1　上海将实施六大行动助力智能制造

上海市经济和信息化委员会 2019 年 7 月 16 日发布的《上海市智能制造行动计划(2019—2021 年)》提出，上海将实施六大重点行动，分别是产业创新突破行动、重点行业智能制造推广行动、平台载体提升行动、区域协同发展行动、新兴技术赋能行动、跨界融合创新行动，以加快发展智能制造。

其中，围绕平台载体提升行动，上海将打造以临港为核心，浦东、闵行、嘉定、宝山、松江等区域构成的近郊产业带，形成“一核一带”智能制造产业集群；加强上海智能制造研发与转化功能型平台、国家机器人“两个中心”等平台建设，为上海智能制造发展提供平台载体支撑。

围绕区域协同发展行动，上海将推动长三角区域协同合作。鼓励支持“三省一市”企业、高校院所组成联合体开展智能制造标准制定，推动国家智能制造标准在“三省一市”先行先试。“三省一市”共同制定数字化车间/智能工厂评价标准，打造一批国际先进、模式创新的示范性智能工厂；组织开展长三角系统解决方案供应商与用户企业的对接，加速长三角制造企业的智能化转型；共同举办智能制造论坛、展会等活动，组织开展“三省一市”数字化车间/智能工厂交流访问活动，推动长三角智能制造相关人员的互访和交流；策划发起成立长三角智能制造协同创新发展投资基金。

围绕新兴技术赋能行动，上海将推动5G通信、人工智能、大数据及工业互联网等新兴技术和制造业深度融合，打造若干个典型应用场景，实现5G广泛应用，AI深度赋能，数据全面驱动。

行动计划提出，上海将鼓励支持通信运营商、系统解决方案供应商和智能制造企业共同研究5G技术在智能制造领域的集成创新与应用，重点探索5G在物联网、工业自动化控制、物流追踪、工业AR、云化机器人等领域的应用。引导制造型企业利用5G高带宽、低时延的技术优势，建设基于5G的数字化车间/智能工厂，提高柔性制造水平和生产过程可控性，打通企业的信息流，实现从设计、生产到销售各个环节的互联互通，并在此基础上实现资源的整合优化。

资料来源：上证报中国证券网，2019年7月17日。

5.2 从实际劳动生产率变化看产业结构升级

发达国家的标准所认可的技术水平划分和对于高技术制造业的认定，并不能直接移植到上海的发展战略中，上海所重点发展的制造业必须基于上海各产业的实际情况。发达国家所认定高技术产业也可分为高端部分和低端加工环节，要进一步认识产业技术的高端性，劳动生产率提供了一个比较直观和有效的标准。

表5.4以1990年、2000年、2010年、2017年制造业的平均劳动生产率为100,来计算各产业劳动生产率的相对变动状况,我们发现以下规律。

表5.4 上海各制造业产业的劳动生产率

制造业	1990年	2000年	2010年	2017年
农副食品加工业	677	99	84	73
食品制造业	132	82	69	61
饮料制造业	117	150	123	60
烟草制品业	784	460	1 367	1 589
纺织业	80	50	33	47
纺织服装、鞋、帽制造业	65	46	27	37
皮革、毛皮、羽毛(绒)及其制品业	85	47	30	56
木材加工及木、竹、藤、棕、草制品业	64	116	46	54
家具制造业	51	56	54	68
造纸及纸制品业	104	81	65	72
印刷业和记录媒介复制业	73	57	43	47
文教体育用品制造业	77	50	30	87
石油加工、炼焦及核燃料加工业	297	469	590	447
化学原料及化学制品制造业	178	120	190	175
医药制造业	156	105	75	84
化学纤维制造业	179	247	94	69
橡胶和塑料制品业	104	70	48	57
非金属矿物制品业	48	66	66	77
黑色金属冶炼及压延加工业	229	220	433	252
有色金属冶炼及压延加工业	234	129	150	163
金属制品业	58	69	53	52
通用设备制造业	0	67	82	75
专用设备制造业	63	52	70	76
汽车制造业	103	162	153	168
电气机械及器材制造业	93	95	75	74
通信设备、计算机及其他电子设备制造业	114	228	150	97
仪器仪表制造业	45	82	61	64
其他制造业	44	66	92	34

注:当年平均劳动生产率=100。

资料来源:作者根据上海市统计年鉴数据计算。

5.2.1　低技术制造业的劳动生产率在不断下降

随着上海产业结构升级，其低技术产业在制造业中所占的比重也不断下降。典型代表如纺织业，其劳动生产率在 1990 年时已经降到平均劳动生产率的 80%，到 2010 年更是降为 33%，2017 年反而稳中有升变为 47%，但依然大大低于制造业平均劳动生产率。食品、饮料制造业的劳动生产率也由高于平均值降到 60%左右。到 2017 年，随着中高技术产业的不断发展和扩张，低技术制造业的劳动生产率都已经远远低于平均值。唯一的例外是烟草制造业，其相对其他制造业的劳动生产率从 1990 年的 784%上升到 2017 年的 1 589%，相应的，产值占比也从 0.95%上升到 2.75%。

5.2.2　中技术制造业一直保持了较高的劳动生产率

中技术制造业，主要是资本密集的重化工制造业，一直保持了较高的劳动生产率。这固然与其较高的资本投入有关，但也反映了相对较高的技术水平。1990 年制造业中劳动生产率最高的产业为石油加工、炼焦及核燃料加工业，有色金属冶炼及延压加工业，黑色金属冶炼及延压加工业、化学纤维制造业和化学原料及化学制品制造业。这五大产业也是重化工业的主体产业，其高劳动生产率来自大量的资本投入（各种机械设备），也与八九十年代上海产业结构升级和重化工产业在上海经济结构中的比重不断上升密切相关。

5.2.3　高技术产业的劳动生产率并不高

高技术产业即技术密集型产业，包括汽车制造业、仪器仪表制造业、通信设备、计算机和其他电子设备制造业、医药制造业等。其中，汽车制造业的劳动生产率在过去几十年里取得了很大的提高，这也反映在汽车制造业在制造业中的比重不断提高上。但是其他高技术产业，包括通信设备、计算机及其他电子设备制造业、电气机械及器材制造业、仪器仪表制造业、通用设备制造业、专用设备制造业等产业的劳动生产率普遍低于平均劳动生产率。尤其值得注意的是在制造业中占比较高的通信设备、计算机及其他电子设备制造业的劳动生产率呈现逐步下降的趋势，从2000年最高时的228%下降到2017年的97%，并未体现出高技术产业高劳动生产率的特征。

从不同行业的劳动生产率来看，上海的制造业整体还处在重化工业占优势的阶段，高技术产业的劳动生产率并不高。可见上海的高技术产业并不是高技术的产业真正的高技术部分。高技术产业部门的增长更多是靠政策驱动和引进外资所带来的低附加值生产环节，而不是上海经济自身产业结构升级的内生需求。

5.3 对制造业重要性的反思

在不同阶段，关于制造业对上海经济增长作用的讨论也时有发生。一般来讲，大家都认同上海需要发展第三产业。有一种意见认为，随着上海土地和劳动力成本节节攀升，上海已经失去了发展制造业的竞争优势，故应集中发展国际贸易和金融等现代服务业，后又提出重点发展生产性服务业。另一种观点也认为上海需要发展第三产业，但第三产业的发展必须以制造业为基础，不能放弃制造业，而要有选择地发展制造业。

5.3.1 上海制造业发展缓慢

自20世纪90年代以来，由于上海经济发展的重心放在第三产业上，故工业投资比重逐步减少，制造业的竞争力上升缓慢。以六大重点工业的固定资产投资为例，其投资总额在2007年左右达到820亿元的峰值，此后开始稳步下降，到2017年，固定资产投资额为555.99亿元。固定资产投资的大幅度下降固然与石油、化工、钢铁等重化工业在制造业中的比重下降有关，但是对于电子信息产业、汽车制造业、生物医药制造业等先进制造业的投资并没有大幅增加，以弥补重化工业的衰退。因此，历次五年计划（规划）中所制定的制造业发展目标都没有得到很好实现，如新兴制造业发展缓慢，在关键技术上没有实现突破，不仅没有实现有规模的产业化，连具有国际竞争力的国产品牌都很少，客观上造成了对产业结构升级的制约。

5.3.2　制造业的重要性毋庸置疑

发展中国家产业结构升级的过程表明，较低的制造业技术决定了较低的劳动生产率，发达国家发达的服务业是建立在高技术制造业的高劳动生产率之上的。一个形象的比喻就是发达国家和发展中国家理发师的收入差距，美国的理发师实际劳动生产率并不比孟加拉国的理发师更高，其更高的收入来自比孟加拉国更高劳动生产率的顾客，是美国制造业的高劳动生产率所创造的高工资，带来了服务业的高工资。现在除了高劳动生产率的制造业以外，可能还需要加上高劳动生产率的可贸易服务业，班加罗尔软件工程师的高工资也支撑起了部分印度城市服务价格的提高。

近年来，随着贸易摩擦的升级和欧美国家“再工业化”潮流的出现，制造业的重要性已经毋庸置疑，尤其是高端、先进的制造业更是决定一个国家综合实力和国际话语权的关键。“中兴事件”的发生将中国在先进制造业上的短板展现在大众面前。同时，制造业也并不是只有低土地价格和低劳动力成本才能支撑的产业，相反，尖端技术制造业所获取的附加值和利润是惊人的，是发达国家一边保护、一边竞相争夺的产业。随着新一轮科技革命和产业变革的发生，发展制造业、再造制造业，以先进制造业的发展来推动产业结构升级已经成为当前的共识。

5.3.3 提升以制造业为代表的可贸易产业国际竞争力

城市产业结构升级必须以制造业为主的可贸易产业的技术升级和产业升级为基础,特别是具有较强国际竞争力的技术密集型制造业。只有高技术产品能大量输出到全球各个国家和地区,并占据较大的国际市场份额,服务业才能真正发展起来,否则服务业的增长就成为无本之木、无源之泉。

中国是大国,但依然是发展中国家,在全球分配体系中依然处于参与者的地位。上海的经济发展还是应该以提升制造业的技术结构为根本,发挥完备制造业体系的比较优势,不断向长江流域和全国发散技术,成为制造业技术中心,并在此基础上建立名副其实的金融中心和国际贸易中心。

第6章　两种视角下上海产业结构升级比较

本章从传统的三次产业视角和可贸易产业国际竞争力视角分别对上海产业结构升级进行研究。在传统三次产业划分的视角下，第三产业比重上升代表产业结构升级，上海在过去的几十年中一直在持续升级。但在可贸易产业国际竞争力视角下看，虽然三次产业比重上升了，但是相对有国际竞争力的制造业比重下降较快，而占据经济中占比增速较快的部分第三产业如服务业、房地产业并不具备国际竞争力。因此，在可贸易产业国际竞争力视角下，上海产业结构升级指数在过去几年是呈下降趋势的。

6.1　三次产业视角下上海产业结构升级

改革开放后，上海的经济发展经历了几个不同时期，从传统二、三产业结构划分的角度来看产业结构升级，主要有以下特点。

6.1.1　第三产业比重持续增长

依据一、二、三产业划分方式，上海第三产业持续增长。改革开放初的1978年，第三产业比重为18.6%，经过40年的持续攀升，1999年第三产业占比达到49.59%，首次超越第二产业，到2017年，第三产业占比已达到69.2%。在这段时间里，虽然对于制造业和服务业的定位有过争议，但“三、二、一”的产业发展战略在大多数时期都是一以贯之的。

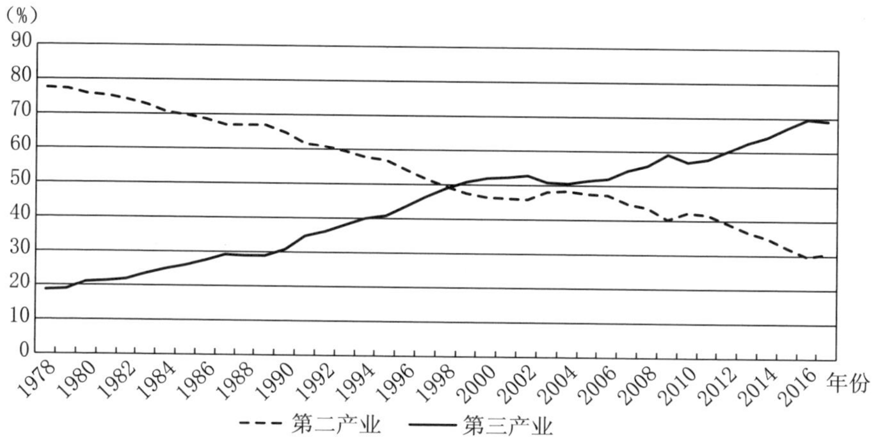

图 6.1 上海第二产业和第三产业在 GDP 中占比变化

资料来源:上海统计年鉴。

6.1.2 第二产业增速是第三产业的先行指标

虽然第二产业在上海的国内生产总值中的比重持续下降,第三产业持续上升,但二、三产业之间增速的波动还是表现出一定的关联性。如改革开放后第一次经济低谷在1989—1990年,第二产业的增速在1989年见底1.6%后开始回升,于1992年达到阶段高点17.2%,第三产业随后于1990年见底,1994年达到阶段高点14.2%,并在1996年达到18.1%。第二次经济周期底部为1998—1999年,也是第二产业增速在1998年先达到阶段底部8.3%,随后第三产业于2001年达到第一个阶段底部9.5%,并于2003年达到阶段底部9%。第二产业增速在2003年就达到阶段顶部16.2%,而第三产业的增速一直到2007年达到18.7%后才开始回落。2008年金融危机也是第二产业增速先触底,并在“四万亿”政策的刺激下率先回升,第三产业的步伐紧随其后。

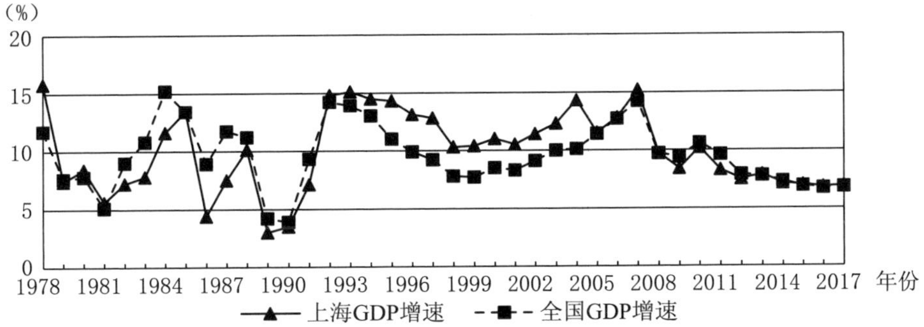

图 6.2　上海 GDP 和全国 GDP 增速比较

资料来源:中国统计年鉴,上海统计年鉴。

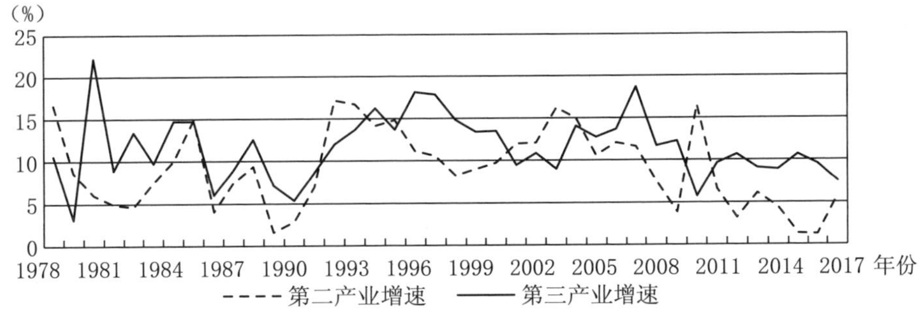

图 6.3　上海第二产业和第三产业增速比较

资料来源:中国统计年鉴,上海统计年鉴。

我们进一步对第二产业第三产业的关系作格兰杰因果检验,结果发现,第二产业的增速与上一期的第二产业增速存在显著正相关关系,第二产业的增速也会显著影响下一期第三产业增速,第二产业与第三产业之间存在着显著的格兰杰因果关系,即第二产业的发展会显著地影响第三产业的增长,而第二产业增速本身有很强的连续性。

第二产业增速和第三产业增速的因果关系也说明了巴拉萨—萨缪尔森假说对于可贸易部门和不可贸易部门关系的假设,因为在服务贸易兴起前,可贸易部门主要就是制造业,而制造业构成了可贸易部门的主体部分。在过去的 40 年里,上海的制造业是出口导向的,是经济发展的核心

表 6.1　上海第二产业增速和第三产业增速的格兰杰因果检验

	Coef.	Std.Err	z	P>z	[95%Conf.	Interval]
Sec_ind						
Sec_ind						
L1.	0.599	0.166	3.600	0.000	0.273	0.925
L2.	−0.187	0.187	−1.000	0.317	−0.554	0.179
Thi_ind						
L1.	0.100	0.263	0.380	0.704	−0.415	0.615
L2.	0.090	0.260	0.350	0.729	−0.419	0.599
_cons	0.727	0.817	0.890	0.374	−0.875	2.328
Thi_ind						
Sec_ind						
L1.	0.231	0.078	2.960	0.003	0.078	0.384
L2.	0.058	0.088	0.660	0.508	−0.114	0.230
Thi_ind						
L1.	−0.104	0.123	−0.840	0.400	−0.345	0.138
L2.	0.076	0.122	0.630	0.532	−0.162	0.314
_cons	1.903	0.383	4.970	0.000	1.152	2.653

Granger causality Wald tests

Equation	Excluded	chi2	df	Prob>Chi2
Second	Third	0.254	2	0.881
Second	ALL	0.254	2	0.881
Third	Second	14.552	2	0.001
Third	ALL	14.552	2	0.001

动力，服务业主要是为实体经济服务的，受第二产业的带动和影响。有制造业的繁荣才有相应的服务产业繁荣，制造业增速下滑时，服务业的相应产业也会渐次收缩。制造业有着相对独立性，不太受第三产业影响，因此两者的增速存在一定的关联性和滞后性。这种关联性也为我们对上海经济增速的预测提供了一定的参考。

6.1.3　二、三产业的关联正在减弱

近几年，随着第二产业在 GDP 中占比的持续下降，第二产业的增速出现了明显的下滑，我们可以从图 6.3 中看到，第二产业和第三产业的增速之间的关系不再明显。这种关联是否还存在，值得研究。一种可能是两者之间尽管存在这关联，但随着长三角一体化的发展，相应的关联需要改进，即上海的服务业不仅为上海的实体经济服务，还至少辐射长三角地区，那么用整个长三角地区（尤其和上海产业关联度紧密的几个城市）第二产业增速作为上海服务业增速的先行指标可能更为合适。

更重要的是，服务贸易加速发展正在重塑贸易结构和产业结构。现在的可贸易产业不仅限于制造业，还包括在贸易出口中占比不断扩大的服务贸易业，2017 年上海服务贸易进出口总额为 1 954.7 亿美元，其中出口额为 524.3 亿美元，主要出口项目为专业管理和资讯服务、运输服务和电信、计算机和信息服务。尤其是信息技术在贸易结构和产业结构中所占比重不断扩大，在考虑第二产业（实体经济或是可贸易部门）发展的时

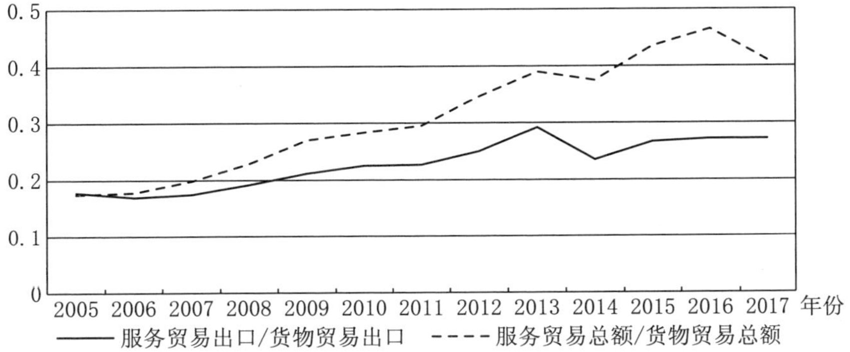

图 6.4　上海服务贸易进出口和货物贸易进出口比值变化

资料来源：上海统计年鉴。

候，必须把专业管理和资讯服务业、信息技术服务业等生产性服务业也一同考虑进去才更为合理。

基于新的理论和数据对产业结构进行划分，是我们进一步研究上海产业结构升级问题的前提。新的产业划分方式既要包容过去第二产业第三产业的划分方式，还要符合新兴产业的特征，尤其是信息技术产业本身的快速发展，以及对传统制造业和其他服务业的彻底改造。

6.2 可贸易产业国际竞争力视角下的上海产业结构升级

6.2.1 产业结构升级指数呈下降趋势

我们基于可贸易部门的国际竞争力来计算上海产业结构升级指数。由于难以获取上海各服务贸易出口额的具体数据，并以此计算上海各可贸易产业的国际竞争力，因此，我们在中国可贸易产业国际竞争力的基础上根据上海可贸易产业出口比重的变化进行调整，再与上海产业结构比例相结合，得出相应的上海可贸易产业结构升级指数。数据显示，从可贸

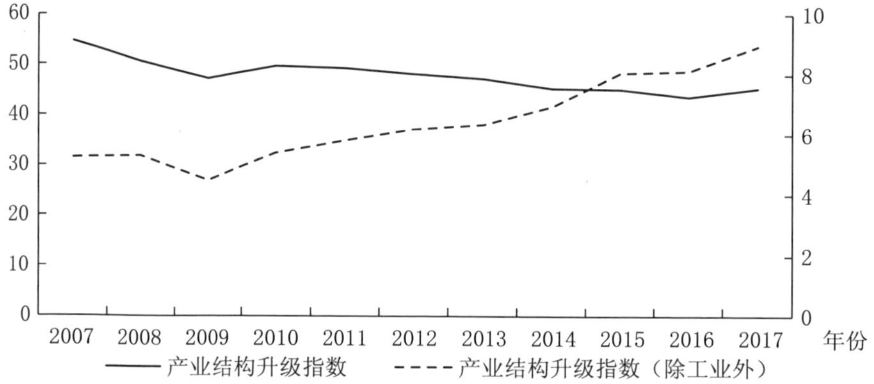

图 6.5　上海产业结构升级指数

资料来源：上海统计年鉴。

易产业国际竞争力的角度来看，上海的产业结构升级指数在过去十年呈下降趋势（见图 6.5）。

上海产业结构升级指数下降的主要原因是工业在上海产业结构中的比重大幅下降，从 2007 年的 43.37%下降到 2017 年的 27.4%，而在各大可贸易产业中，工业依然是最具国际竞争力的行业。上升最快的行业为金融业，从 2007 年的 9.92%升至 2017 年的 17.4%，但金融业的国际竞争力依然比较弱，远低于工业，导致从可贸易产业国际竞争力视角所衡量的上海产业结构升级指数出现下降的趋势。

6.2.2　不包括工业的产业结构持续升级

但值得指出的是，不包括工业的产业结构指数呈现快速上升的趋势，即其他可贸易产业的国际竞争力在不断加强，在产业结构中的占比不断提升，尤其是信息传输、软件和信息技术服务业，以及科学研究和技术服务业。总体而言，上海的可贸易服务业的国际竞争力依然很弱，是未来产业结构升级的重点发展方向。

6.2.3　工业内部的产业结构升级

为了较为全面地探讨上海产业结构升级问题，分析上海工业在全球竞争中的地位，我们从两个方面来分析上海工业内部产业结构升级情况。一是 28 个制造业出口值与销售值之比，反映各产业的产品在国际市场的竞争力，以及每个行业出口值占制造业总出口值的比重，反映该行业在上海制造业中的地位。另一方面是从海关出口产品金额的数据出发，计算不同技术水平产品相对于全国出口数据的 *RCA* 指数，反映了上海制造业内部产业结构升级时相对于全国制造业升级的变化。

1. 上海制造业分行业出口情况变化

表 6.2　上海各制造业细分产业出口情况(%)

	出口/销售			占当年总出口比重		
	2000	2010	2017	2000	2010	2017
农副食品加工业	9.32	4.64	3.51	0.57	0.15	0.15
食品制造业	4.01	4.13	5.42	0.34	0.22	0.42
饮料制造业	3.36	3.35	5.40	0.16	0.07	0.07
烟草制品业	6.03	1.45	1.27	0.38	0.10	0.15
纺织业	35.15	28.25	21.59	6.57	1.41	0.51
纺织服装、鞋、帽制造业	55.35	27.97	27.15	9.67	1.54	1.09
皮革、毛皮、羽毛(绒)及其制品业	61.39	32.49	17.54	2.59	0.54	0.42
木材加工及木、竹、藤、棕、草制品业	6.05	23.07	14.12	0.37	0.24	0.10
家具制造业	25.27	28.56	20.17	0.54	0.88	0.85
造纸及纸制品业	4.43	7.71	6.89	0.24	0.24	0.22
印刷业和记录媒介的复制	0.65	9.97	12.08	0.03	0.24	0.29
文教体育用品制造业	52.30	56.15	11.24	3.18	1.03	0.56
石油加工、炼焦及核燃料加工业	7.71	3.47	8.95	1.14	0.57	1.38
化学原料及化学制品制造业	9.62	9.77	10.45	3.06	2.73	3.92
医药制造业	9.97	8.80	7.30	0.94	0.41	0.68
化学纤维制造业	3.66	20.35	40.45	0.63	0.10	0.15
橡胶和塑料制品制造业	21.72	21.83	19.72	3.58	3.18	2.33
非金属矿物制品业	10.69	11.18	11.90	1.10	0.71	0.88
黑色金属冶炼及压延加工业	15.09	8.52	7.51	6.56	1.78	1.27
有色金属冶炼及压延加工业	19.16	10.98	13.91	1.37	0.58	0.76
金属制品业	30.02	22.51	19.52	6.77	2.45	2.23
通用设备制造业	20.98	17.93	19.95	5.26	5.14	6.56
专用设备制造业	12.60	18.91	24.23	1.57	2.46	4.09
交通运输设备制造业	11.95	14.55	7.53	6.82	7.88	7.26
电气机械及器材制造业	23.18	26.35	21.67	7.76	6.22	5.98
通信设备、计算机及其他电子设备制造业	42.03	79.90	77.72	24.12	58.06	55.30
仪器仪表及文化、办公用机械制造业	44.44	43.72	33.56	3.44	1.90	1.73
其他制造业	22.48	4.97	10.37	1.21	0.14	0.06

资料来源：上海统计年鉴。

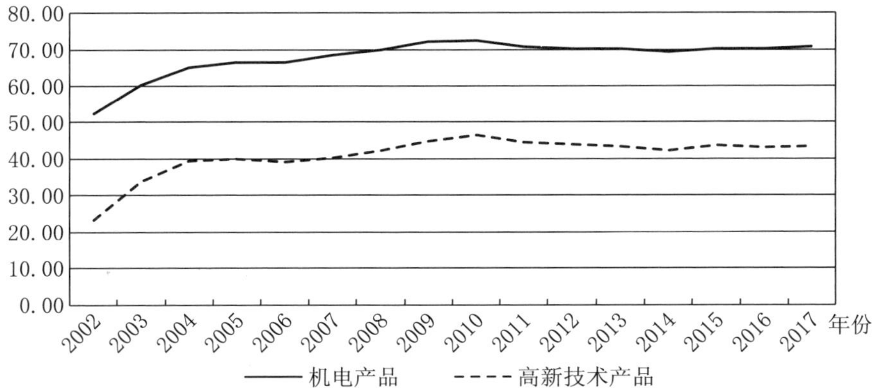

图 6.6　上海机电产品和高新技术产品出口数量占总出口数量比重变化

资料来源：上海统计年鉴。

劳动密集型产业所生产的轻工业消费品属于低技术产品，而资本和技术更为密集的产业所生产的产品则属于中高技术产品。不同技术产品的出口比例反映了该类制造业的技术创新能力和制造技术，出口与销售值的比例也可以看出该地区的技术水平。分不同技术水平制造业的出口占比看，上海在全球价值链的位置呈稳步攀升趋势。

在低技术产品方面，上海相应产业的国际竞争力有比较大的下降。其中，纺织业的出口销售比从2000年的35.15%下降到2017年的21.59%，纺织服装、鞋、帽制造业的出口销售比从2000年的55.35%下降到2017年的27.15%，下降更快的是皮革、毛皮、羽毛(绒)及其制品业，其出口销售比从2000年的61.39%下降到2017年的17.54%。此外，文教体育用品制造业也从52.3%下降到11.24%。这部分国际市场有很大一部分被新兴经济体所抢占，尤其是近年来，印度、印度尼西亚、越南等发展中国家受益于低成本优势和产业转移，在低技术制造业方面发展较快。例如，印度尼西亚的低技术产品出口总额从2012年的216亿美元增长到2016年的253亿美元，增加了19.0%，同期越南低技术产品出口从344亿美元增长到570亿美元，增长了65.3%。

在中技术产品方面，上海的中技术制造业的国际竞争力稳中有降。石油加工、炼焦及核燃料加工业，橡胶和塑料制品制造业，以及钢铁、金属制品等产业的出口销售比均呈现下降的趋势，尤其是黑色金属冶炼及延压加工业，从2000年的15.09%下降到2017年的7.51%，在当年总出口中的比重也从6.56%下降到1.27%，以及金属制品业在出口中的比重从2000年的6.77%下降到2.23%。但是同期的中国中技术产品出口额依然在稳步增长，占全球贸易额的比重不断提高，可以发现，这部分国际市场的变化主要来自国内其他城市相关产业竞争力的提升。这也与上海产业政策在进入21世纪后的变化有关，即以长三角的经济合作与协同发展作为新的经济增长点，放弃与江浙两地对制造业的争夺，改而向高端生产、服务业融合领域进军。

在高技术产品方面，上海的高技术制造业在全球竞争力不断提升。以通信设备、计算机及其他电子设备制造业为典型代表，其出口销售比从2000年的42.03%上升到2010年的79.9%，到2017年依然维持在77.72%，在总出口中的比重从2000年的24.12%上升到2010年的58.06%，2017年是55.3%。也就是说，通信设备、计算机及其他电子设备制造业占据了上海总出口的一半以上。其他高技术产业，如专用设备制造业、化工产业等产业所生产产品的国际竞争力也在不断提高，成为上海制造业参与国际市场竞争的主要产品。

2. 上海出口产品相对于全国的竞争优势变化

每一个国家或地区的制造业技术和劳动力成本决定了产品在国际市场上的竞争力。在中国的工业整体呈现产业结构不断升级的基础上，上海的工业升级速度要快于全国，高技术产品的*RCA*指数呈现稳步上升态势，从2002年的1.129上升到2017年的1.378。而且出口贸易中加工贸易的比重在2009年以后持续下降，一般贸易的比重上升。以劳动密集型为特征的低技术轻工业消费品和资本相对密集的中技术产品，相对于

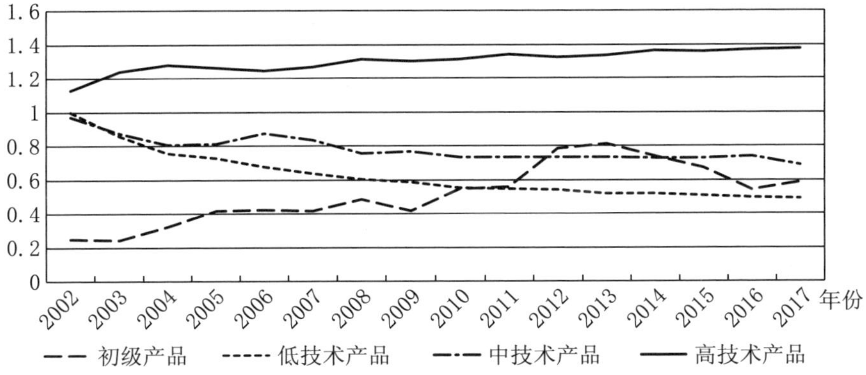

图 6.7　上海不同高技术产品 RCA 值变化

资料来源:作者根据上海统计年鉴数据计算而得。

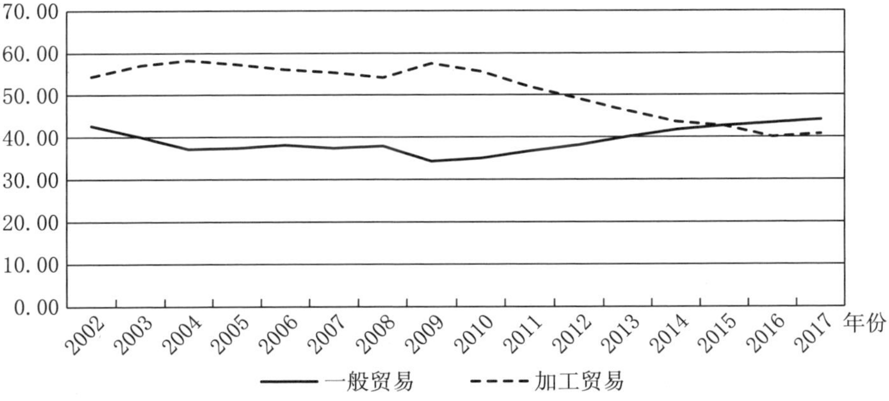

图 6.8　上海一般贸易和加工贸易占总出口比重变化

资料来源:作者根据上海统计年鉴数据计算而得。

国内的其他城市,上海的比较优势正在不断下降。工业依然是上海产业参与国际竞争的重要力量,虽然整体出口增速放缓,但出口产品的技术含量不断提高,机电产品和高新技术产品的比重不断上升。

在上海出口的产品中,以加工贸易形式存在的工业制成品占到较高比重,主要是进料加工贸易和保税区仓储转口货物的形式,一般贸易的比重并不高。2002 年一般贸易的比重为 42.78%,随着外商投资的增加,加工贸易出口的比重持续提高,到 2009 年,一般贸易出口额占总出口额的比重一度降低到 34.43%。随着上海对科技创新不断重视和自主品牌的打造,一般贸易在上海出口贸易中的比重一路回升,2017 年重新回到 44%的水平。

6.3 对上海产业结构升级现状的分析

6.3.1 "三、二、一"产业发展战略导向

自 20 世纪 80 年代以来,在上海的历次五年计划(规划)中,"三、二、一"的产业政策一直是产业发展战略的主基调。第三产业在产业结构中的持续增长,既是产业结构升级后劳动力自然地从第二产业流向第三产业的过程,也在很大程度上是由政府的政策导向所主动调控的。由于中国参与国际竞争的主力依然是工业制造品,虽然从工业内部结构来看,上海高技术产品的出口比重在持续提升,高技术产业的发展速度高于全国水平,但工业部门在产业结构中比重的大幅度下降,依然导致上海可贸易产业的整体国际竞争力下滑。在可贸易服务业,由于政策、规则、人才、经验等一系列原因,还难以与发达国家的同类产业进行同台竞争。但从自身纵向比较,除去工业部门的产业结构升级指数已经呈现幅度上升趋势。

6.3.2 高技术产业由外资主导缺少本土力量

外资是上海高技术产业的重要组成部分。在过去的 20 年里,上海高技术产业的发展可归纳为电子信息技术产业的高增长时期,外商投资的电子信息产品生产企业是主角。但从电子信息技术产业的增加值和利润来看,我们发现,电子信息技术产业从高利润和高劳动生产率的产业变成了低利润和低劳动生产率产业。因为外商投资企业所带来的电子信息产品制造业大多是全球产业链中劳动密集型、低附加值、低利润的环节,这

对于上海进一步推进产业结构升级将造成不小阻碍。真正的高技术产业是高劳动生产率、高利润的，是以本地化的技术能力为基础的，上海的工业过于倚重外资而忽视了对本土企业的扶持和培养，未来需要调整工业发展战略和发展模式，迅速向可能本地化的高技术产业转变。

6.3.3　国产高技术产品国际竞争力还较弱

制造业是可贸易产业中的重要组成部分，尤其是对尚处于发展中国家的中国而言。上海的制造业产业结构在升级，但能真正参与国际竞争，并站在全球产业链高端的制造业依然很少。上海近些年在一些高端制造业的发展上取得重大突破，如大飞机、航空发动机、火箭、深海钻井平台、核电设备、集成电路、显示屏等，但这些高端制造目前还处于进口替代阶段，无法成规模地向国外进行出口，要真正参与国际竞争并具有较强的国际竞争力，还需要更多的科研投入和技术积累。

第 7 章　大城市产业结构升级的国际经验和规律

上海产业结构升级也需要与国际大都市进行比较，要站在工业革命以来，大城市产业结构不断升级的维度进行研究。自古以来，大城市大都是人类思想碰撞和文明交流的地方，是人口的集聚地，是创新的发动机。在农业社会，大城市的产业结构相对单一，但是商业贸易、工匠制造以及围绕上层阶级的服务业已经非常发达。工业革命的到来让大城市的产业结构发生翻天覆地的变化，新技术的发明和生产组织方式的不断创新，冲击着城市既有的产业结构，工业、建筑业在城市产业结构中的比重不断上升，在工业内部，不同行业的比重也在发生变化，新的工业品制造业在创生，生产率低下的产业被转移出去；新的服务业在不断诞生，不一而足。可以说，自工业革命后，城市产业结构升级之路一旦开启便不能停下，大城市的产业结构升级若无法跟上时代前进的步伐，这座城市就有可能退出大城市的行列，陷入人口流失、产业萧条、社会凋零的局面。在大城市不断升级的同时，大城市的技术和创新也不断向外扩散，先是周边地区和国内的其他城市，随着交通运输能力和信息技术的大幅进步，再推向全世界。跨国公司和全球化是 20 世纪后半叶的主要标签。产业结构升级不仅仅发生在发达国家的大城市，发展中国家的大城市也乘势而上，成为新一轮全球城市崛起的代表。

上海作为工业革命后发国家的大城市，可以从发达国家大城市的经济发展历程、产业结构升级规律、政府制度设计和政策做法以及新技术发展趋势上获得许多可供借鉴的经验和启示。与全球一线城市的比较研究主要从两个维度展开。一是纵向研究城市的发展阶段。中国作为一个后发国家，当前人均 GDP 已达到 10 000 美元，上海人均 GDP 已经超过 20 000 美元，在这个阶段，以发达国家的发展经历作为参照，上海作为中国的一线城市，该有什么样的产业结构和布局呢？二是横向比较全球一线城市当前发展的最新趋势。在新一轮工业革命兴起的背景下，新一代信息技术与制造业正在全球一线城市进行深度融合，全方位改造各产业的生产模式、产业形态，对人类生活产生重大影响，制造业的重要性又被发达国家重新提上议程。在这样的新时代背景下，上海又该如何抓住时代机遇，积极向全球一线城市看齐，推动产业结构升级，实现经济的高质量发展。

7.1　全球城市产业结构升级的典型案例

从国际经验来看，全球城市产业结构升级的经验大致可以分为以下三类：一是工业革命时期就崛起到现在依然重要的城市，包括美国纽约、英国伦敦等。这些城市完整经历了工业化和后工业化的过程，并在两个阶段交替期间实现了产业结构的转型升级，保持住一流全球城市的地位。二是工业革命时期崛起但在后工业化时期日渐衰落的城市，包括美国的匹兹堡、底特律以及英国的曼彻斯特等城市。由于在工业化时期过分倚重单一的重工业，在后工业化阶段，这些城市难以实现产业机构升级，而全球化又进一步加剧了这些城市的衰落。三是后发国家的大城市，包括东京、首尔等。二战后，以美国为首的全球产业链形成，跨国公司的资本和技术在全球迅速扩张，这些国家抓住机遇，由其大城市引进国外投资和技术，快速实现工业化，进而带动整个国家的经济实现腾飞。

不难看出，不同国家和不同阶段的城市产业结构升级情况是各不相同、千姿百态的，产业结构升级也非一劳永逸，而是不断动态变化的，但深入剖析其路径、模式、时代特征，其中依然是有规律可循的。

7.1.1 以伦敦和纽约为代表的发达国家大城市

随着英国在第一次工业革命中的迅速崛起，伦敦从17世纪起就成为英国、欧洲乃至全球最重要的制造业中心，金融等服务业随之齐头并进，是当之无愧的全球城市。在20世纪50年代初，伦敦制造业吸纳的就业人数高达140余万，产值约占英国GDP的40%，而且工业门类齐全，既有钢铁和重型机械等资本密集型工业，也有印刷和家居制造等劳动密集型产业。纽约发展晚于伦敦，以贸易起家，引进欧洲的资本和技术，带来制造业的繁荣。由于纽约缺乏自然资源而劳动力和资本密集，所以纽约的制造业以劳动密集和资本密集的轻工业为主，主要产业有食品加工、机械制造、出版印刷、服装鞋帽等。1860年纽约制造业产值已攀升至全美第一，成为国内制造业中心。1900年美国制造业就业人数的11%集中在纽约，直到二战结束时，纽约制造业的就业人数仍在持续增长。

二战后，随着跨国公司的全球化发展和全球产业链的形成，伦敦和纽约的制造业都出现大幅度衰退，服务业相应升级，伦敦和纽约都从工业城市转型为全球资源配置的枢纽。

20世纪60年代起，伦敦城里低生产率的工业企业开始大规模向城外乃至海外转移，制造业工人大量失业。1961—1981年间，当地制造业人数减少约2/3，产值年均下降约10%。在传统部门衰退的同时，只有高生产率和附加值的工业企业依然发展良好，如电子机械、制药等部门。同期服务业基本维持在260万人的就业规模，只是产业内部有所调整。其中，金融业的发展最为引人注目。撒切尔内阁推动的金融自由化和金融创新改革，对内放松管制，对外开放金融服务业，带动当地基于金融和生产者服务的经济进入了快速发展的新阶段，也为伦敦成为全球金融中心奠定了坚实基础。银行保险业的快速增长完全抵消了制造业下降对就业带来的负面冲击，同时，以律师、会计师、管理咨询师等为主体的商务服务业也同时出现大幅增长，伦敦已步入“服务经济”时代。

20 世纪 50 年代初，纽约产业结构中服务业的产值超过制造业，再次成为城市主导产业。而制造业在内外部各种条件的共同作用下逐步进入衰退期，大量制造工厂关闭搬迁，纽约开始进行产业调整，传统的低端加工业被新兴高科技产业所取代。与此同时，纽约生产性服务业获得了较快的发展，尤其是以银行、咨询、设计、广告等为代表的新兴服务业逐步取代了传统服务业成为第三产业的主体。1950—2000 年 5 个十年间，纽约制造业的就业人数以每年接近 10 万人的速度减少，1960—1980 年制造业就业人数减少速度更为迅猛。其间还发生了工业公司总部大规模外迁现象，如在《财富》杂志所列的美国最大的 500 家工业公司中，1965 年时有 128 家总部在纽约，1976 年后降低为 90 家，1988 年仅剩下 48 家。在政府引导的产业结构升级中，都市型工业的集聚性得以充分展示，服装和出版印刷等都市型工业开始集聚，纽约也因此成为世界时尚之都。其中，服装业约占制造业增加值和就业人数的 1/3，以生产高端品牌服装为主，它对纽约保持全球时尚服务业的领先地位发挥了重要作用。

7.1.2　以底特律为代表的发达国家工业城市

与纽约和伦敦相对应的是那些在工业革命时期兴起繁盛，但在信息技术革命和全球化浪潮下无法进行产业转型升级而陷入严重衰退的城市，美国底特律是典型代表，但它并不是个案。在 1950 年的美国十大城市中，有 8 座城市的人口此后至少下降了 1/6。在 1950 年美国最大的 16 座城市中，有 6 座城市的人口此后下降了一半以上，它们分别是布法罗、克利夫兰、底特律、新奥尔良、匹兹堡和圣路易斯。在欧洲，利物浦、格拉斯哥、鹿特丹和不来梅等城市的规模也远不如从前。

这些城市的经济以高度的专业化和单一化为特征，产业的高度单一化使这些城市陷入严重的“路径依赖”而无法摆脱。到1950年时，底特律和匹兹堡的制造业就业比重仍然分别高达45.9%和36.8%。随着资本全球化的扩张，全球产业链的形成，欧美社会整体步入后工业时代，高成本、高污染的重化工业被转移到后发国家，不断下降的运输成本使得欧洲和日本的竞争对手能更容易地将它们的汽车销往美国市场。汽车和钢铁冶金业从工业革命时期的主导产业转为后工业时期的夕阳产业，这些城市的地位出现了迅速下降。支撑20世纪末的底特律的是单一汽车产业，三大垂直一体化的企业雇佣了数十万技能水平较低的工人。从短期来看，大型的、垂直一体化的企业也许是有效的，但它们无法形成充满活力的竞争关系和提出新的创意，而这些恰恰是城市的长远成功所不可或缺的。规模较小的企业无法与三巨头展开竞争，底特律扼杀了鼓励成长的多元化和竞争机制。

7.1.3　东京和首尔为代表的后发国家大城市

东京和首尔分别作为日本和韩国的首都和第一大城市，成为二战后全球生产的最大受益城市，欧美产业链纷纷向东亚转移。日本经济从20世纪50年代起走向复苏，东京也随着日本整体经济崛起成为亚洲经济中心，在纽约和伦敦的制造业快速衰退的同时，东京适时地接过了为全球生产制造品的重任，成为全球工业中心。从二战后到20世纪60年代，首尔也一直是韩国的制造业中心，一开始依靠美国援助，以生产一般消费品的轻工业为主，劳动密集型产业发展迅速，同时发展进口替代型重化工业，政策导向从进口替代逐步转向出口导向。

到20世纪六七十年代，东京和首尔先后步入重化工业发展阶段，东京和首尔等大城市的制造业比重开始出现下降，以金融业和信息业为代表的生产性服务业开始集中。20世纪五六十年代是日本经济的高速增长期，以东京为中心的京滨工业带是日本重化工业和其他制造业的主要生产和研发基地。高速增长期结束后，随着劳动力成本的上升和国际原材料、能源市场价格波动加大，东京的劳动密集型工业和原料型加工业失去原有优势，都市产业和加工组装类轻工业成为新的投资重点。重化工业开始纷纷迁出这一地区，制造业出现了持续的衰退。同时，从70年代中期开始，以金融业和信息业为代表的生产性服务业向东京集中。自70年代开始，韩国产业政策转向重工业和化学工业，促进资本密集型工业的发展，并确定了钢铁、纤维、汽车等十大战略产业。重化工业不适宜在大城市中心发展，首尔市的制造业增速开始低于全国水平。

随着重化工业陆续迁出首都地区，以技术创新为驱动的高附加值产业成为大城市的重点发展产业，生产性服务业成为主导行业。

20世纪80年代，东京政府大力扶持电气机械和运输机械行业，两大产业持续增长成为日本的龙头产业，其他制造业在产业结构中比重呈下降态势。东京的服务业迅速发展，不管是就业人数还是产业比重都超过制造业。到80年代末，东京已经集中了日本国内约一半的信息、研发、广告就业人员，当地银行储蓄和贷款总数占全日本的36%和46%，东京和外国银行企业数高达全日本的99%。为了刺激经济增长，进一步推动生产性服务业的发展，日本政府从20世纪80年代中后期起相继推动了通信、电力和金融等垄断行业的民营化进程。90年代，东京大力推动化工产业的高科技研究与应用。化工产业技术研发成功应用于医药领域，实现了高附加值产品的规模化生产，带动原材料类型的制造业，如化工和食品加工行业等重新崛起。服务业已经成为东京最大的产业部门，到90年代末，东京的服务业吸纳了当地约2/3的就业人员，而且作为东京最大的产业部门创造了超过80%的产值。

进入80年代，韩国提出发展技术密集型产业，推动了产业从劳动密集型向资本和技术密集型过渡，主导产业向机械电子等高技术产业转变，瞄准精细化学、精密仪器、计算机、航空航天等高技术产业为战略发展重点，促进产业结构升级。首尔的传统制造业进一步向郊区和外围迁移，还通过 FDI 的方式向转向中国和东南亚地区。而公司总部、软件服务、广告设计等其他生产性服务业开始向首尔集聚。90 年代后，韩国政府提出“科技立国”口号，重点发展以信息技术为核心的尖端产业，将信息技术与传统工业相结合，促使传统工业走上新的发展道路，并在资金、税收、用地、技术指导等方面给予支持和帮助，在信息产业的带动下，金融、保险、不动产、运输仓储与通信业等服务业加速发展起来。

表 7.1　韩国产业结构升级经历

时　　间	主导产业	要素密集特征	技术特征
1961—1972 年	轻纺、服装	劳动密集型	劳动力驱动
1973—1980 年	汽车、重型机械、钢铁、石化、造船	劳动及资本密集型	生产线驱动、规模驱动
1981—1990 年	半导体、精密化学和仪器	技术密集型	工艺创新驱动
1998 年至今	信息、新材料和生物	知识密集型	新科技驱动

7.2　实现快速追赶的城市经验

自第二次世界大战结束以来，只有 13 个经济体在 25 年或更长的时间段维持了年均 7%及以上的持续增长，它们分别是日本、韩国、中国台湾、中国香港、新加坡、中国、越南、印度尼西亚、马来西亚、阿曼、马耳他、巴西、博茨瓦纳。而在这 13 个经济体中，能够在达到中等收入水平后继续保持增长并成功迈入高收入行列的只有六个，即日本、韩国、新加坡、中国香港、中国台湾和马耳他。其中马耳他是个不到 50 万人口的小国，新加坡和中国香港都是城市经济体，因此人口规模较大的只有日本、韩国和中国台湾。因此，从后发经济体的大城市实现快速追赶的角度来看，上海能参照的城市产业结构升级经历并不多，只有东京、首尔而已。

二战后真正完成追赶的大城市只有东京、首尔、香港、新加坡。后发经济体追赶的过程完美契合了全球三次大的产业转移，核心大城市都以比较快的速度走完了发达国家一百多年产业结构升级的道路。

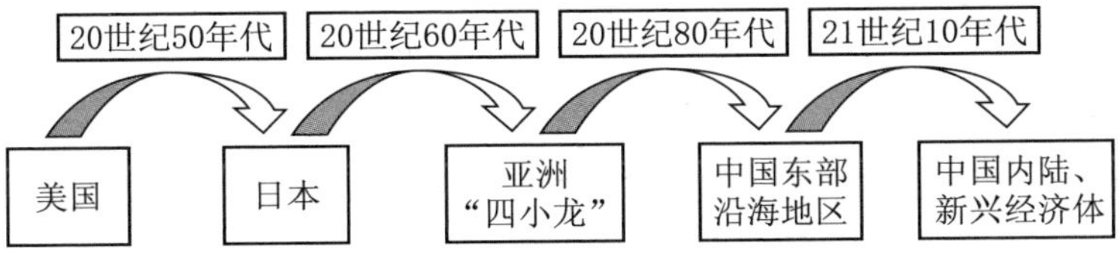

图 7.1　二战后历次产业转移和产业结构升级过程

产业结构实现了从劳动力密集的轻纺工业为主，向资本密集的重化工业为主升级，随着信息技术革命的不断深化，再向技术密集的信息产业为主导的产业结构升级的过程，劳动生产率不断提高。同时，大城市的金融中心和跨国企业总部等资源配置功能逐渐增加乃至凸显。从产业结构升级的路径来看，上海也是完全按着这个路径过来的。从目前的产业结构、技术水平和人均收入来看，大约接近首尔。因此，从短期的产业结构升级方向来看，首尔和东京在这个到达这个阶段后是如何发展的，有哪些成功的经验和失败的教训，更值得上海参考和借鉴。

7.3　成功完成超越的城市经验

从更长的时间维度来看城市的崛起和超越，需要以每一次技术革命为坐标系。可以说，每一次大城市的崛起和超越，都与新科技革命的出现及世界经济格局的演变息息相关。综合不同学派对工业革命内涵的研究(李尧远，2018①)，可以认为目前已经发生了三轮工业革命，目前是第三次工业革命的第二波。

① 该文献综合不同学派的研究，认为工业革命大概需要如下四个条件：一是能够深刻影响生产生活尤其是生产组织形式变化的非传统核心技术体系革新，二是生产效率的提升和经济社会的快速持续发展，三是政治、经济、社会、文化等领域的系统性变革，四是新能源的出现或能源利用方式的变化。只有上述四个条件同时具备，才能被称为工业革命。

表 7.2　三次工业革命与六次技术革命浪潮

工业革命	技术革命(开始年份)	主要技术	核心国家
第一次工业革命(1771—1875 年)	第一次技术革命(1771 年)	蒸汽动力	英国
	第二次技术革命(1829 年)	蒸汽和铁路	英国(扩散到欧洲大陆和美国)
第二次工业革命(1875—1971 年)	第三次技术革命(1875 年)	钢铁、电力、重化工业	美国和德国追赶并超越英国
	第四次技术革命(1908 年)	石油、汽车和大规模生产	美国,后扩散到欧洲
第三次工业革命(1971—2070 年)	第五次技术革命(1971 年)	信息和远程通信时代	美国(扩散到欧洲和亚洲)
	第六次技术革命(2020—?)	大数据、人工智能、区块链、新能源、生物技术	美国、日本和欧盟

在第一次工业革命中,英国是这一时期科技创新的龙头。随着蒸汽动力的发展,机器在棉纺业大量使用,并推广到采煤、冶金等行业。英国成为世界工业中心,1850 年,其生产的工业品占世界总量的 39%,出口占世界总额的 1/4。英国的经济总量和国力超越法国,且差距不断拉大。伦敦逐步成为全球城市,实现对巴黎的超越,1850 年其人口达到 232 万,是巴黎的 1.77 倍,到 1875 年,其人口达到 424 万,是巴黎和纽约之和。

在第二次工业革命中,美国和德国是这一时期科技创新的龙头。随着以电力和钢铁为代表的科技革命的出现,电气机械、钢铁工业成为主导产业。在前期,英国仍能保持世界头号经济大国的地位。到 19 世纪末,德国经济快速增长,美国的工业产值于 1894 年超过英国,居全球第一。随着美国实力的上升,纽约取代伦敦,成为世界最大的城市,柏林也成为欧洲地区与伦敦、巴黎比肩的大城市。

第三次工业革命发生在二战后,以电子信息技术为代表的科技革命,使电子、通信、航空航天等成为新的主导产业。现代化浪潮从欧美向全球其他地区迅速扩散，跨国公司将资本和技术带到发展中国家，将商品卖向全世界。以硅谷为中心的西海岸“阳光地带”成为美国的经济重镇。同时，以日本为代表的东亚地区也迅速崛起，日本以电子产业为发展重点，并加快汽车、钢铁等产业发展，成为最发达的工业国之一。随着日本和东亚的起飞，20世纪80年代末，东京成为与纽约、伦敦并列的三大金融中心，香港、新加坡也上升为新兴的区域性大都市。

可以发现，只有整个国家走在工业革命的最前沿，其城市才能真正完成对其他第一流城市的超越。在第一次工业革命中，英国完成对法国的超越，故伦敦超越巴黎，成为世界上最重要的城市。第二次工业革命起源于德国和美国，故柏林和纽约跻身为全球最重要的城市。第三次工业革命源于美国硅谷，故加州城市上升为全球重要的大城市，纽约实现完美转型，进一步巩固了其国际地位。只有成为新工业革命的起源地和应用者，才是后发国家真正超越先发国家的唯一路径，其大城市也才可能真正跻身国际第一流大城市的行列。

7.4　大城市产业结构升级的普遍规律

7.4.1　工业革命对产业结构升级带来深远影响

纵观历史，每一个全球一线城市的出现都深受工业革命的影响。以蒸汽动力为标志的第一次工业革命带动了棉纺织业的发展，使英国超越法国，成为世界上最强大的国家，伦敦也成为全球工业中心和全球最大的城市。以电力和钢铁为代表的第二次工业革命推动德国崛起，美国取代英国成为世界经济霸主，而柏林跻身全球城市行列，纽约上升为新的顶级都市。以电子信息为代表的第三次工业革命推动了世界经济格局调整，日本、韩国、中国台湾等经济体紧紧抓住战略机遇期，东京由此成为与纽约、伦敦齐名的三大全球城市之一，首尔、新加坡等城市也一跃成为重要的国际大都市。可以说，每一个全球一线城市的诞生都与当时的工业革命息息相关。技术优势一旦形成，将持续较长时期。每一轮工业革命的龙头国家基本能一直保持在该次工业革命中的领先位置，而错过该战略机遇期的国家和城市，差距通常会越拉越大。后发国家的大城市要进行赶超，通常都需要借力新技术革命进行换道超车。以当前的信息技术革命第二波为例，发达国家在数据信息这一生产要素中具有明显优势，它的数据基础设施更好，其企业运用数据信息提升效率的能力更强，在复合型人才、知识经验、关键技术积累、营商环境等方面也占据优势。即使对一些传统产业而言，发达国家的竞争优势也在提升。

新旧技术更替时期是后发国家赶超先发国家的重要战略机遇期。在先发国家，新技术对既有产业的革命，往往会由于利益纠葛和庞大的惯性导致更多的阻力，后发国家如果能抓住这个重要时间窗口，就有可能后来居上。

7.4.2　大城市产业结构升级存在普遍规律

不论是发达国家的大城市，还是后发经济体的大城市，其产业结构升级都遵循相似的规律：这个规律与人类几次工业革命的顺序一致，只不过后发国家的大城市以比较快的速度走完了发达国家大城市一百多年的产业结构升级道路。

制造业的内部结构从早期的以劳动力密集型产业如纺织业为主，向资本密集型重化工业为主变化，随着信息技术革命的不断深化，再向技术密集的信息产业为主导的产业结构不断升级。在这个过程中，劳动生产率不断提高，技术愈发密集，资本投入不断增加。同时，大城市的金融中心和跨国企业总部等资源配置功能逐渐增加乃至凸显。

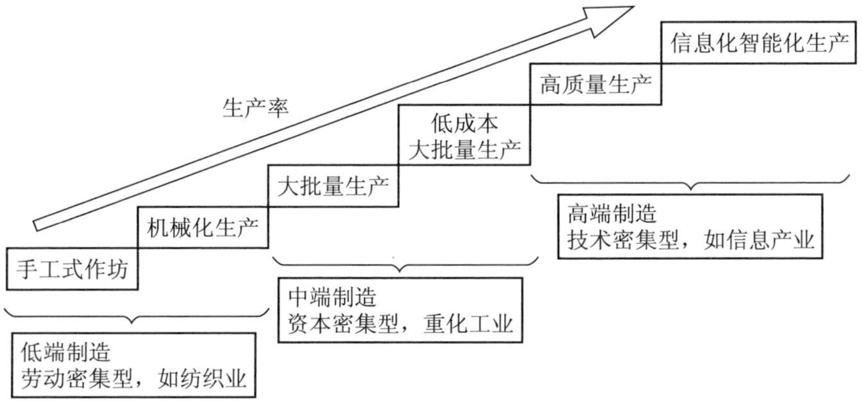

图 7.2　制造业结构升级的一般路径

7.4.3　高端产业在产业结构中的比重不断扩大

高端产业主要体现在两个方面：一是高劳动生产率，二是对资源的配置功能。高端产业的内涵随着技术水平的变化而动态演进。不管是先发国家还是后发国家，大城市的产业结构升级的基本路径都是一致的，即核心大城市创造、应用或引进当前技术水平下最接近技术前沿的高端产业，高端产业在产业结构中的比重不断提高。随着大城市产业结构的不断升级，相对低端的产业开始向周边扩散，甚至通过 FDI 的方式迁移去其他生产成本更为低廉的国家。在 19 世纪中期，以纺织、采煤为高端产业。20 世纪初期，美国在电气、汽车、化工等行业全球领先。20 世纪下半叶，日本在电子产业领域跻身世界先进行列。最近几十年，随着后工业社会的来临，伦敦、纽约、东京等大都市纷纷加快向服务经济转型，近年来又加快向科技创新中心转型，力求把科技创新作为新一轮增长的主要动力。

经济全球化的深入发展伴随着金融、贸易活动的频繁，使具有全球资源配置功能的产业成为大城市的高端产业。尤其是跨国公司主导国际分工的深化，越来越多的城市被纳入一体化的全球经济体系，处于网络中枢的城市能更好发挥资源配置的功能。纽约、伦敦、东京等城市集聚了大量的跨国公司总部、国际金融机构，在世界经济中发挥着强大的资源配置和整合功能，是产业创新的策源地和跨国资本流动的枢纽。

7.4.4 制造业比重快速下降带来一系列社会问题

随着大城市人工成本、土地成本等一系列要素价格的持续上升，纽约、伦敦、底特律、匹兹堡都经历过工业化后期制造业比重快速下降的过程，尤其是二战后，全球产业链的出现、跨国公司的发展与信息技术的突破大大加速了欧美大城市制造业比重下降的速度，这些制造业纷纷转向后发国家的大城市。在这个制造业比重持续下降的过程中，这些大城市都面临了较为严重的社会问题，尤其是失业率的上升、贫富差距的扩大等。有些城市实现了较好的产业结构转型升级，如纽约、伦敦成为以金融、商业等服务业占据主导地位的功能性枢纽型城市，也有些城市没能实现产业结构升级，如底特律、匹兹堡等城市出现人口持续下降、城市日渐衰落等景象。

7.4.5 商业、技术和创新是城市产业结构升级的不竭动力

作为分布在全球各地的人口密集区域，城市一直都是创新的发动机。纽约振兴—衰退—振兴的经历(产业结构升级的经历)向我们揭示：尽管远距离的交流成本已经下降，但接近性却变得更有价值。在最近 30 年，由于技术的进步，人们在近距离接触中产生的知识得到更多的回报。纽约复兴的根本原因是企业家精神的增强，主要集中在金融服务领域。纽约的优势在于它具有企业家精神的传统，而这促进了小型服装企业的发展。

而工业城市衰落的原因正是在于它们丧失了城市最为重要的特点：商业、技术、企业创新以及与外界的密切联系。工业城市不同于古老的商业城市或信息化时代的现代城市，大量的工厂雇佣着成千上万技能水平

较低的工人，除了向世界各地大量提供廉价和相仿的产品之外，这些工厂自给自足，独立于外面的世界。这对城市的短期发展来看也许是有效的，但它们无法形成充满活力的竞争关系和新的创意，而这些恰恰是城市的长远成功所不可或缺的。这也是后发国家的大城市需要引以为戒的。

7.4.6　要创新适应科技革命和产业变革的制度、政策和环境

工业革命启动后产业结构升级具有内生性，因为造成产业结构变化的主要力量产生于产业发展过程本身，即来自企业的创新活动。新技术和新工业只能在已有的知识和经验基础上被创造出来，企业家和核心企业在这个过程中起到至关重要的作用。因此，对于制造业发展来说，为企业创造与科技革命和产业变革相适应的制度、政策和环境，让企业普遍走上自主创新道路的力量，远比由政府直接组织一些项目更重要。发达国家在科技和产业创新过程中也引领着制度创新的潮流。诸如英国的专利制度和技工制度，美国的公司制度、移民制度、风险投资体系，日本的"精益生产体系"等，都在人类社会中产生了重要影响。美国很早就确立的产权保护体系、反垄断法等制度，有效地保障了个人财产权利，促进了要素流动和市场自由竞争，成为市场经济的基础性制度。

第8章　大城市产业结构升级的国际比较

本章通过对当前上海和其他全球主要城市产业结构升级进行多维度比较，分析上海与其他全球一线城市的差异与差距。

8.1　上海与全球一线城市的空间范围

虽然纽约、伦敦、东京等城市同为全球一线城市，但由于不同国家的行政区划和管理体制存在较大差别，当我们谈论上海、纽约、伦敦、东京时，其面积、人口、产业结构等概念存在一定差异，甚至是较大差异。可是如果不考虑城市的空间、人口和发展水平而简单比较产业结构又无异于刻舟求剑，所得出的启示也有可能与事实的真相背道而驰，进而影响我们对大城市制造业发展规律的判断。

一般来说，当我们说纽约的时候，指的是纽约市（New York City），一个陆地面积789平方公里，人口851万，由五个区组成①的城市。而谈到纽约都市圈②（New York-Newark-Jersey City, NY-NJ-PA metropolitan statistical area），则除了纽约市五个区之外，还包括周边18个县（county），

① 纽约市包括布朗克斯区（The Bronx）、布鲁克林区（Brooklyn）、曼哈顿（Manhattan）、皇后区（Queens）、斯塔滕岛（Staten Island）五个区。

② 根据美国公共与预算管理办公室（Office of Management and Budget, OMB）对于都市圈的定义，分别是MSA（metropolitan statistical area）和CSA（combined statistical area）。MSA更接近于都市圈的概念，它由一个核心城市和周边小城市组成，CSA涵盖的范围更大些，像城市群的概念，包括周边联系紧密的大城市。

其中 5 个位于纽约州，12 个位于新泽西州中部和北部，1 个位于宾夕法尼亚州东北部。CSA 定义下的纽约都市圈范围更大些，还另外包括了位于纽约州、新泽西州、康涅狄格州、宾夕法尼亚州的 8 个县。

东京一般指的是东京都①，面积 2 194 平方公里，人口 1 330 万。东京都的核心在东京都区部②，面积 619 平方公里，人口 946 万。东京都区部 23 区中最主要的六个区被并称为“都心 6 区”③。也有将最核心三个区称作“都心 3 区”④。东京都市圈⑤以东京都区部为中心，包括周边几个城市，面积 13 112 平方公里，人口 3 579 万。

大伦敦（Greater London）由伦敦城（City of London）和周围的 32 个自治市组成，面积为 1 577 平方公里，890 万人口。其中，伦敦城的面积仅为 2.9 平方公里。内伦敦（Inner London）⑥包括其中的 14 个区，面积 319 平方公里，人口 354 万。而伦敦都市圈也被称为伦敦通勤圈，达 8 382 平方公里，人口达 1 426 万。

巴黎（Paris）的面积比其他几个一线城市要小很多，仅为 105 平方公里，人口 223 万。通常所说的巴黎都市圈被称为法兰西岛⑦总人口约 1 196 万，面积约 12 012 平方公里。

首尔市下辖 25 区，面积约 605.5 平方公里，人口 993 万。首尔都市

① 东京都由 23 个特别行政区和 26 个市、5 个町、8 个村所组成。

② 东京都区部也称东京 23 区、东京特别区，是日本政治、经济、文化的中枢，也是日本中央政府的所在地，是狭义上广泛使用的“东京”所指范围，其范围相当于过去东京市（存续于 1889—1943 年间）。

③ 都心六区包括千代田区、中央区、港区、新宿区、文京区、台东区。

④ 千代田区、中央区、港区三个核心区称作“都心 3 区”。

⑤ 外加上千叶、神奈川、埼玉、茨城、群马、栃木、山梨等县。

⑥ 英国国家统计办公室（Office for National Statistics）和欧盟统计署所定义的内伦敦，包括 14 个区，分别为 City of London，Camden，Hackney，Hammersmith and Fulham，Haringey，Islington，Kensington and Chelsea，Lambeth，Lewisham，Newham，Southwark，Tower Hamlets，Wandsworth，Westminster。

⑦ 法兰西岛（Ile-de-France），包括八个区（administrative departments），即巴黎（Paris），上塞纳（Hauts-Seine）、瓦勒德马恩（Val-de-Marne）、塞纳—圣但尼（Seine-Saint-Denis）、伊夫林（Yvelines）、瓦勒德瓦兹（Val-d'Oise）、塞纳—马恩（Seine-et-Marne）和埃松（Essonne）。

圈包括首尔、仁川、京畿道(Gyeongg-do,意为环首都地区),土地面积11 705平方公里,人口2 489多万。

由于不同城市的面积、人口等指标不可能完全相似,所以我们从城市的功能定位、人口、面积等多个角度出发,在大致同一数量级上寻找可以与上海等量齐观的全球一线城市。

表8.1　与上海内环内相当的全球一线城市范围

	上海内环内	北京三环内	曼哈顿	东京都心6区	巴黎
面积(平方公里)	114	158	59	81.78	105
人口(万人)	340	406	166	122	223
人口密度(万人/平方公里)	2.98	2.57	2.81	1.49	2.12

表8.2　与上海外环内相当的全球一线城市范围

	上海外环内	北京五环内	纽约市	东京都区部	首尔	大伦敦	柏林
面积(平方公里)	660	667	789	619	605.5	1 577	892
人口(万人)	1 140	1 056	851	946	993	890	375
人口密度(万人/平方公里)	1.73	1.58	1.08	1.53	1.64	0.56	0.42

表8.3　与上海市相当的全球一线城市范围

	上海市	北京市	纽约都市圈	东京都	东京都市圈	首尔都市圈	巴黎都市圈
面积(平方公里)	6 340	16 410	2 955	2 194	13 112	11 705	12 012
人口(万人)	2 424	2 154	2 030	1 330	3 579	2 489	1 196
人口密度(万人/平方公里)	0.38	0.13	0.69	0.61	0.27	0.21	0.10

从区域面积、人口数量以及相应的人口密度来看,上海内环内大致和北京三环内、纽约曼哈顿、东京都心六区、巴黎在一个数量级上。上海外环内与北京五环内、纽约市、东京都区部、首尔市、大伦敦、柏林市在一个数量级上。上海市与北京市、纽约都市圈、东京都、东京都市圈、首尔都市

圈、巴黎都市圈在一个数量级上。

由于产业结构和空间分布与城市的地理空间范围以及人口密度息息相关，我们在比较全球一线城市产业结构升级的时候，应当在相同量级的城市空间范围内进行比较研究。欧美发达国家的大都市在行政区划上的范围大致与上海外环内相当。要与上海全市进行比较的话，还需要扩展到都市圈的范围。

8.2　全球一线城市产业结构比较

8.2.1　全球一线城市产业结构情况

静态对标当前国际一流大城市的产业结构，是认识城市产业结构升级方向最直接和最直观的方式。在考虑了不同国家大城市行政上区划和

表 8.4　全球大都市产业结构比较

城　　市	面积（平方公里）	人口（万）	制造业（%）	工业（%）	信息业（%）	金融业（%）	房地产业（%）
巴黎都市圈	12 012	1 196	6.68	8.94	9.81	7.32	12.71
巴黎	105	223	2.80	4.42	11.21	11.47	15.71
拜仁州	70 550	1 252	27.09	29.34			
柏林	892	338	9.45	12.47			
东京都市圈	13 112	3 579	11.50	13.42	8.43	6.96	15.67
东京	1 915	1 330	6.92	8.08	11.51	9.60	12.99
首尔都市圈	11 705	2 489	22.55	24.02	6.49	7.33	10.00
首尔	605.5	993	6.55	7.25	10.43	11.41	11.67
伦敦	1 572	836	2.57	3.90	10.65	17.36	13.03
洛杉矶		2 040	9.37		11.00	5.77	18.55
纽约		2 361			7.85	15.79	16.04
旧金山		1 016	11.08		8.33	6.39	14.36
上海	6 340	2 419		27.56	6.18	17.69	5.67

资料来源：OECD regional data 和 BEA(2013)；上海统计年鉴(2017)。

经济上都市圈范围的情况下，我们对各大城市主要产业在经济中所占比重进行比较。

作为第一流的全球城市，伦敦和纽约市的制造业占比较低，尤其是大伦敦，制造业占比只有 2.57%，服务业很发达，金融业和房地产业占到 GDP 的 30%左右。作为全球一线城市，它们主要发挥总部和金融中心的功能，是全球资源流动和配置的枢纽。巴黎的制造业占比也只有 2.8%，由于巴黎市的面积和范围较小，仅相当于上海内环内。

二战后兴起的大城市，如随着信息技术而崛起的美国西海岸城市洛杉矶和旧金山，快速赶超的亚洲城市东京和首尔等，制造业比重相对较高，尤其是首尔都市圈，制造业比重高达 22.55%。工业占比为 24.02%。与当前的上海在面积、人口和制造业比重上都大致相当。

德国依然保持着较高的制造业比重，柏林占地 892 平方公里，拥有 338 万人口，面积略大于上海外环，人口远小于上海外环内人口，但制造业比重依然高达 9.45%，比上海外环内制造业占比要高。德国第二大城市慕尼黑的人口只有 130 万，也就相当于上海一个区，因此很难比较其产业结构，其所在的拜仁州人口 1 252 万，制造业占比高达 27.09%。

因此，我们拿上海的内环内与巴黎、曼哈顿相比较，外环内与纽约市、柏林、首尔市、伦敦市相比较，整个上海市与首尔都市圈、纽约都市圈、东京都市圈相比较，同时考虑到中国和上海当前的人均收入水平依然大幅度低于上述国家和城市，技术水平依然落后于这些城市，可以得出一个结论即当前上海的制造业比重可能不是高了，而是低了。上海服务业的比重虽然相对较低，但金融产业的比重已经很高，差距主要体现在教育、医疗等服务业。只有可贸易产业不断升级，生产率提高，劳动收入增加，才能对教育、医疗、旅游、娱乐带来更大需求和更高价格，使产业结构中服务业的比重不断增加。

8.2.2　对当前上海产业结构升级所处位置的基本判断

2018 年上海人均 GDP 已经达到 20 000 美元，考虑到上海的人口规模，要研究人均 GDP 达到该水平时是什么样的产业结构，可供比较的大城市较少，而且发达国家在达到人均 GDP 20 000 美元的水平时已经完成工业化和城市化。所以，我们以 21 个 OECD 国家在人均 GDP 达到该水准的时候的产业结构为参照①，如图 8.1 所示。

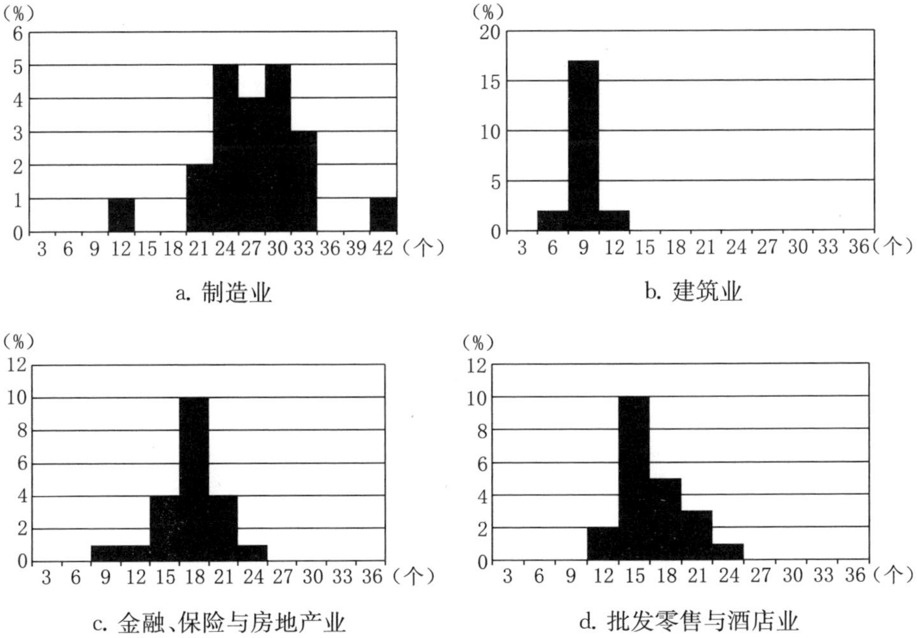

图 8.1　OECD 国家在人均 GDP 达到当前上海水平时的产业结构

2018 年上海各主要产业产值占 GDP 的比重分别为：农林牧渔业 0.34%；工业 26.61%；建筑业 3.28%；批发和零售 14.02%；金融业与房地

① 分别为丹麦（1970）、卢森堡（1970）、荷兰（1970）、瑞典（1970）、美国（1970）、澳大利亚（1971）、法国（1973）、德国（1973）、奥地利（1974）、比利时（1976）、英国（1978）、芬兰（1979）、意大利（1979）、日本（1979）、西班牙（1990）、爱尔兰（1995）、马耳他（1995）、葡萄牙（1996）、韩国（2000）、希腊（2002）和捷克共和国（2004）。

产业23.79%。与同等人均GDP时期的OECD国家相比较,上海的制造业增加值比重处在中位数水平,金融、保险与房地产业在经济中的比重偏高,批发零售业、建筑业比重偏低。

8.3 基于可贸易产业国际竞争力的国际比较

依据城市可贸易产业国际竞争力的视角,我们对全球大城市的产业结构升级情况进行评价。

8.3.1 可贸易产业的比重

根据国际标准产业分类(ISIC, Rev.4)产业结构划分的方式,可贸易产业包括(1)农林牧渔业;(2)采矿和采石业;(3)制造业;(4)运输与存储业;(5)信息和通信业;(6)金融和保险业;(7)专业、科学和技术业;(8)艺术、娱乐和文娱业。

表8.5 全球主要城市产业结构(%)

	巴黎	柏林	东京	首尔都市圈	首尔	大伦敦	伦敦城	纽约州
农业	0.00	0.01	0.05	0.60	0.17	0.01	0.00	0.26
工业	4.42	12.46	8.08	24.02	7.25	3.58	1.17	6.18
制造业	2.80	9.43	6.92	22.55	6.55	2.39	0.56	5.00
建筑业	1.47	3.56	4.30	3.97	2.79	4.81	2.25	3.14
贸易、交通、餐饮业	15.54	13.22	24.64	18.89	24.23	15.32	6.96	12.48
通信和信息服务业	11.21	7.88	11.51	6.49	10.43	10.40	9.74	8.07
房地产业	15.71	14.11	12.99	10.00	11.67	14.76	4.80	13.40
金融和保险业	11.47	3.70	9.60	7.33	11.41	15.80	40.62	17.65
科研和技术	18.66	14.33	16.00	10.37	13.64	17.41	23.89	13.11
公共管理	16.59	24.49	8.26	14.96	15.15	13.64	7.42	22.34
其他服务业	4.94	6.38	4.56	3.37	3.25	4.27	3.15	3.37
可贸易产业比重	61.29	51.60	69.88	67.70	67.14	62.52	82.38	57.74

资料来源:OECD regional database。

按国民经济行业分类(GB/T 4754-2017),可贸易产业包括(1)农林牧渔业;(2)采矿业;(3)制造业;(4)交通运输、仓储和邮政业;(5)信息传输、软件和信息技术服务业;(6)金融业;(7)租赁和商务服务业;(8)科学研究和技术服务业;(9)文化、体育和娱乐业。

表 8.6　国内大城市产业结构(%)

	北京	上海	广州	深圳
第一产业	0.43	0.36	1.03	0.09
第二产业	19.01	30.46	27.95	41.43
第三产业	80.56	69.18	71.02	58.48
农、林、牧、渔业	0.44	0.38	1.13	0.09
工业	15.26	27.40	25.39	38.86
建筑业	4.07	3.17	2.74	2.64
批发和零售业	8.88	14.34	14.68	10.53
交通运输、仓储和邮政业	4.31	4.39	6.97	3.12
住宿和餐饮业	1.48	1.35	2.01	1.75
信息传输、软件和信息技术服务业	11.53	6.08	5.19	7.86
金融业	16.62	17.40	9.09	13.00
房地产业	6.30	6.11	8.53	8.42
租赁和商务服务业	6.91	5.84	7.76	3.12
科学研究和技术服务业	10.21	3.67	2.78	3.11
水利、环境和公共设施管理业	0.81	0.46	0.62	0.54
居民服务、修理和其他服务业	0.61	1.13	1.37	1.00
教育	4.76	3.14	4.09	1.76
卫生和社会工作	2.48	2.22	3.09	1.34
文化、体育和娱乐业	2.13	0.79	1.51	0.47
公共管理、社会保障和社会组织	3.20	2.13	3.06	2.40
可贸易产业比重	71.03	68.73	61.43	72.18

资料来源:上海、北京、深圳、广州各地统计年鉴。

如果单看可贸易产业结构的话,作为二战后后发国家大城市代表的东京、首尔的可贸易产业占比较高,接近 70%;而柏林、巴黎、纽约、伦敦的可贸易产比占比较低,在 60%左右。国内的一线城市中,深圳和北京的可贸易产业部门比重最高,分别为 72.18%和 71.03%,但两者的产业结构并不相同:北京的科技服务业、信息服务业和金融业占比较高,而深圳的工业占比较高。从产业结构来看,北京由于集聚了大量的科研、金融和信息业资源,其产业结构与发达国家大城市更为相近。深圳的发展路径与东京、首尔等后发国家的大城市更相似。上海的可贸易部门比重排在第三,其中,金融业和工业的占比较高;在信息服务业与科技服务业方面,上海与北京以及发达国家的大城市相比还有较大差距。

后发国家由于可贸易产业的国际竞争力相对较弱,为了实现快速的经济增长和人均收入的提高,可贸易产业占比较高。而发达国家的大城市达到一定程度后,可贸易产业的产业竞争力较强,尤其是可贸易服务业的附加值很高,有较多产业空间可以留给不可贸易服务业,为本地居民服务,不可贸易产业的劳动生产率和附加值也随可贸易产业竞争力的提高而提高。

8.3.2 基于 RCA 和劳动生产率的全球城市产业结构升级情况比较

我们从大城市各可贸易产业的劳动生产率和各可贸易产业的国际竞争力来计算各大城市的产业结构升级指数,比较上海和国内外大城市在产业结构升级上的情况。

表 8.7 全球主要城市产业结构升级比较

	基于 RCA	基于劳动生产率
伦敦城	255.52	13.70
大伦敦	148.37	7.71
纽约州	116.22	9.87
东　京	101.45	6.39
巴　黎	88.05	7.90
首尔都市圈	60.98	4.68
首　尔	52.71	5.55
柏　林	50.23	4.30
深　圳	53.86	6.92
上　海	40.76	5.48
北　京	39.62	4.10
广　州	37.25	4.47

不管是从可贸易产业国际竞争力还是可贸易产业劳动生产率来看，伦敦和纽约都是站在全球产业结构升级顶端的城市。从可贸易部门的国际竞争力来看，深圳在四个一线城市中占据首位，主要是由于深圳的工业占比较高，而工业依然是中国参与国际竞争的主要产业。服务业在产业结构中比重的上升和服务业国际竞争力的相对落后，使国内大城市从可贸易产业的国际竞争力角度来衡量时，与全球顶级城市依然存在较大差距，但已经与柏林、首尔等城市相当。

8.4　上海和国内外大城市产业结构升级差距分析

8.4.1　中国和发达国家的发展阶段问题

在可贸易产业中，中国大城市相对落后的是可贸易服务业，其国际竞争力大大弱于发达国家大城市的同类行业，这与整个国家的发展阶段有关。由于后发国家发展起步晚于发达国家，要追赶发达国家都需要先后经历工业化的不同阶段，再步入后工业化时期，进入后工业化时期后，服务业才开始真正重要起来。后发国家的大城市在可贸易服务业的发展时间和经验积累等方面都不如发达国家，在人才培养和规则制定方面也落后于发达国家，在知识创新和管理经验上也亟须向发达国家学习，因此其大城市的可贸易产业国际竞争力水平相对落后也就不足为怪了。改革开放后，中国大城市产业结构中服务业在 GDP 中的比重持续上升，目前占比已经不低，尤其是北京，达到了 80%的水平，但是服务贸易额出口依然较小，进口额远大于出口，处于逆差状态，这反映了中国可贸易服务业的国际竞争力较弱的事实。由于可贸易服务业在可贸易产业中所占比重较高，包括上海在内的中国大城市的产业结构升级指数因此较为低下。其实，发展早于中国，目前人均 GDP 等指标也领先于中国的韩国，其首都首尔以及首尔所在的京畿道地区的服务业国际竞争力水平也依然低下。日本作为最先发展起来的亚洲国家,其服务贸易水平也低于纽约、伦敦等老牌发达国家的大城市。因此,服务业的国际竞争力的提升并非短期能达到,还需要更长期的努力。

8.4.2 可贸易产业的国际竞争力离不开国家软实力

可贸易产业的国际竞争涉及一系列标准、制度等规则的制定,发达国家是这些制度和标准的制定者,这些制度和标准天然地倾向于有利发达国家的出口,因此,在国际贸易中,发达国家的可贸易产业在规则上就占据相对优势,这种优势在服务贸易中更为突出,尤其是金融服务业、科技服务业等。发达国家还在语言、价值观、文化等方面占据主导地位,在文化输出、国际关系、传统习惯等各方面占据优势,也为相应的货物贸易出口和服务贸易出口提供了极大的便利和更易接受的市场。

8.4.3 国内不同城市的定位

国内城市可贸易产业的发展还受中央政府对城市定位的影响。比如北京是政治中心、经济中心和文化中心,在科教、文化等领域天然占据优势,也是大多数国企的总部所在地,因此北京的服务业比重就比上海、广州、深圳等城市更高,国际竞争力也更强。深圳是特区,又紧邻香港,体制机制更为灵活,民营经济比较发达,其产业结构升级更像是一个在市场环境下自发形成的过程。由于科教文卫等服务业并没有向深圳倾斜,而深圳的工业较强,因此深圳的产业结构升级指数反而是国内城市中最高的。上海的产业结构升级同样离不开国家政策,最近两年国家给予了上海一系列先行先试的政策,包括自贸试验区新片区、科创板、长三角一体化战略,以及进口博览会等,还有大飞机等高端制造项目,都为上海发展可贸易产业提供了非常好的机遇。

第 9 章　提高上海可贸易产业国际竞争力的整体思路

9.1　基于“钻石模型”提升产业国际竞争力

提升上海可贸易产业国际竞争力是一个系统的、全面的工程，国际竞争力的提升需要相应产业持续不断的科技创新、新技术应用和人力资本积累，随着新一代信息技术的发展，云计算、数据等新型生产要素的水平也要不断提高。在国内可贸易产业拥有参与国际竞争能力前，国内市场的需求及适度的国内外竞争将对产业能力的提高起到至关重要的作用，尤其是 ICT 产业，一方面需要巨大的投入，另一方面，在大规模生产和应用前，都无法与市场主导产品竞争，更难以获取利润，政府的投入与国内市场的培育就至关重要。参与国际竞争的产业通常有很长的产业链，这些上下游产业或许也是可贸易产业，面临激烈的国际竞争，或许是为参与竞争的产业服务的，这些上下游产业的发展及产业链间的协同运作，都对可贸易产业的国际竞争力起到重要影响。

波特在国家竞争优势理论中对于提高国家竞争优势提出了著名的“钻石模型”，认为影响一个国家产业竞争力的基本决定因素包括生产要素、需求条件、相关产业与支持产业、企业组织战略与竞争状态等四类基本要素和发展机遇、政府扶持等两类辅助要素。因此，我们在六大因素的基础上提出针对提升上海可贸易产业国际竞争力的思路。

9.2 优化可贸易产业发展的决定因素

9.2.1 重视技术、人才、数据等生产要素水平的提高

1. 大力建设上海科技创新中心

一是加强基础科学的规划布局。围绕光子、生命科学等优势学科建设重大科技基础设施。以大科学设施群的开放共享和"全脑介观神经图谱"等国际大科学计划,吸引全世界的科学家来上海从事科学研究。二是推动高科技产业的落地发展。参考国家工程研究中心的运行管理模式,采取市场化的合作模式与利益分配机制,探索设立上海市级工程研究中心,以具体产品为目标集中攻克产业尖端技术。三是推进创新载体的规划建设。设立 1—2 个百亿级战略性新型研发机构,继续筹备微纳电子等国家实验室,在张江新增 2—3 所研究型大学。四是推动科创板的顺利落地。加快科创板和注册制的制度建设,做好上市企业的筛选和服务工作,做大做强一批资本市场中介服务机构,吸引国外科技企业来科创板上市,集聚海外风投资本。

2. 注重可贸易产业人才资本积累

一是要在中长期内以创新创业教育为抓手加快教育方式变革,培养更多的适应未来灵活就业需要的各类创新型人才。通过调整学校课程,根据可贸易产业国际竞争对人才能力的多维度需求,对课程内容和授课方式进行改造,培养学生多方面适应国际竞争的能力。鼓励大数据、人工智能等新兴技术课程的开设,为培养专门型人才布局。二是尊重制造业对人才需求的结构特征。强调研究型、应用型、技能型人才并重的培养方式,培育优秀的科学家、研究员、工程师、技师。强调技能专精,而非一味追求高学历,逐渐形成普通教育与职业教育、在校教育与在岗教育等多层

次的双规教育结构。

3. 加快推动数据资源的开放共享

一是对城市数字化转型建设进行战略规划。制定统一的建设指导标准和方案，探索在一定条件下建设安全共享的公共数据资源库。二是合理规划布局建设重大数字基础设施。如感知设施系统、数据采集交换设施和数据计算与运用平台，对交通、能源、生态、工业等传统基础设施进行数字化、网络化、智能化改造升级。三是积极探索建立数据交易和共享的市场。在安全可控的基础上，优化配置数据资源，充分利用数据资源，激发数据资源的潜在活力。

9.2.2　以国内需求促进可贸易产业发展壮大

1. 促进国内市场的一体化发展

一是进一步完善交通、通信、电网等基础设施建设，为可贸易产业的产品和服务在国内的流通和交易提供更强大的支撑。打破地域、距离、时间等物理限制，让可贸易产业获取尽可能大的国内市场。二是加快长三角一体化发展。推动长三角区域可贸易产业更紧密的联动，打破地域和行政区划的局限，为可贸易产业提供更为广阔的国内需求市场；使各地区能够优势互补，形成良性互动的局面，做大做强长三角可贸易产业集群，提高产业的国际竞争力。

2. 以政策倾斜扩大国内需求

一是政府以终端采购等方式替代直接补贴，推动产业链形成。以政府采购的形式直接扩大行业的需求市场，减少政府补贴，以需求促发展，并同等条件下优先采购国内企业提供的产品和服务。二是加快城乡一体化发展，落后“精准扶贫”等手段扩大国内需求市场。推进乡村地区、中西部落后地区的经济发展，促进当地人民收入水平的提高和产业结构升级，释放出对可贸易产业的巨大国内需求市场。

9.2.3 形成完整的产业链并发展相关支持产业

1. 加强服务业与制造业的融合互促

一是通过制造业提供便利的通信、交通等基础设施，日臻完善基础设施网络，为提升生产性服务业发展水平和生产性服务贸易国际竞争力加固产业基础。二是以制造业服务化带动生产性服务业进一步提高产业分工和专业化服务水平。三是在制造业企业核心竞争力环节加大研发投入力度，增加对生产性服务的需求；在满足国内生产性服务要素供给的同时，积极拓宽国际市场，扩大生产性服务出口规模，提高出口技术含量。

2. 保持传统优势行业发展动力

保持货物相关服务、建设服务等传统优势服务行业的国际竞争力水平，加强管理创新和制度创新，增加高技术的投入与运用，与金融、保险、通信、计算机和信息服务等行业实现联动，不断挖掘其发展新动能。持续扩大建设服务贸易出口规模、提高外包质量，尤其要加强对"一带一路"沿线国家建设服务的出口和直接投资力度，助其提高基础设施建设水平。

9.2.4 让国企民企外企在同等市场和政策条件下展开竞争

1. 加大服务业开放力度

一是在保证国家安全的前提下，引入国际先进的外商投资，减少股比限制。二是提高通关便利化水平。实行"一线放开，二线安全高效管住"的海关监管模式，探索创新与生产性服务贸易相适应的通关管理方式，加快放行速度，提高放行效率。三是鉴于生产性服务业知识、技术、熟练劳动力密集的特点，鼓励国内外交流，鼓励科研人员在不同体制的自由流动，加深技术合作，积极培育精通技术、管理、语言的复合型人才。

2. 降低服务业准入门槛

一是放宽部分行业对民营企业、外资企业的准入条件。让民营企业可以公平地参与到各类服务业中，增加行业竞争强度，提高服务要素供给水平，推动上海服务业整体实现高质量发展，以期在规模和效益上共同促进货物和服务的出口。二是集中精力发展一批具有核心竞争力的民营服务业企业，要为具有核心竞争优势和发展潜力的科技研发和专业技术服务业创造良好的营商环境。集中精力扶持鼓励服务贸易顺差行业发展壮大，形成一批国际竞争力强的“独角兽”企业乃至跨国企业，发挥龙头效应，逐步解决服务贸易逆差过大的问题。

9.3　重视可贸易产业发展的辅助因素

9.3.1　高度重视数字贸易的发展新机遇

1. 打造数字贸易新高地

一是积极发挥中国数字技术的应用优势。大力加强互联网技术在服务领域的融合互动，做好“互联网＋”，加强在服务贸易智能化提升、贸易个性化服务、电子商务、海关通行、贸易服务管理等环节和领域加强数字技术应用的广度和深度，加强数字基础设施的建设，加快数字技术与制造业企业和生产性服务业的深度融合及传统产业的数字化改造，带动贸易服务体系的全面升级和高质量发展。二是加强数字贸易体系的国际化和标准化。努力在跨境电子商务、新兴贸易服务类型、贸易服务管理等方面实现标准国际化对接，探索实施全球数字自贸区建设，率先制定数字贸易领域的国内标准并积极在全球范围内推广，通过国际国内的双向融合互动，争取成为全球数字贸易标准的倡导者和引领者。

2. 以“互联网＋”为重点，创新产业组织生态

一是高质量建设众创平台和创客空间，培育一批产业创新集群。依托互联网实现国内外研发、设计、创意资源的有效整合，提高制造企业研

发设计能力，帮助企业实现差异化竞争和创新驱动发展。通过与线下制造资源相结合，投资与孵化相结合，实现创新创意到产品的转化，带动一批创业和就业，进一步活跃制造业产业生态。二是积极构建基于工业互联网的制造业新生态，促进专业化分工和产业协同。积极发展网络化协同制造，借助制造即服务的理念，将众多制造企业的制造资源通过工业互联网云平台整合协同起来。三是支持平台经济健康规范发展，构建富有活力的平台经济生态。大力支持平台型企业做大做强，支持龙头企业"以我为主"整合产学研、制造和服务资源，发展为面向全社会的行业创新创业平台。

9.3.2 加大政府对可贸易产业的管理和扶持

1. 基于可贸易产业国际竞争力的视角来制定政策和规划

一是以可贸易产业发展来代替第三产业发展的产业战略。在政府发布经济社会发展规划和产业政策中，改变过去对于产业结构升级以"三、二、一"为主要基调的表述方式，强调以促进可贸易产业发展的方式推动产业结构升级发展，体现对外积极开放的特征和市场在其中的关键性作用，淡化政府对产业结构升级的重大影响。二是制定促进可贸易产业发展的政策和扶持办法。积极学习和借鉴美国为加快服务贸易发展所制定的法律条例，加快修改和完善国内法律条例，以符合当前和未来趋势。根据每个服务部门自身的特点，可以考虑"量身定做"法律和规章制度。

2. 完善服务贸易统计制度

一是对标国际通行服务贸易统计制度，探索完善上海的服务贸易统计规则，并为中国服务贸易统计制度建立提供建议和意见，逐步实现与国际统计标准的接轨。二是及时更新服务贸易统计数据，方便研究人员进行测算分析。三是探索创新统计方法。随着服务贸易在出口以及国民经济整体发展中重要性的提升，从产业和区位上对不同服务行业作更合理、详细的划分，进一步提服务业和服务贸易相关研究的专业化水平。

第 10 章 推动新兴可贸易产业发展的重点举措

10.1 加快数字基础设施建设

10.1.1 完善数字信息基础设施

一是加强宽带基础设施建设。发挥信息基础设施在建设数字社会中的重要作用,通过加大宽带网络的普及程度,提高网络用户的普及率,进而加快社会数字化进程。二是加快布局 5G 网络。针对 5G 等移动通信网络“越建越小、越建越密”的发展趋势,要超前谋划、统筹发展,组织相关部门和企业超前进行 5G 网络研究和部署,进行规划和建设,推动 5G 规划和社会公共资源共享利用。公共区域、公共交通设施等基础资源向 5G 基站等移动通信基站建设全量开放,在加快网络建设的同时,更好地融入城市发展。三是缩小数字鸿沟。重视上海郊区与公共设施相对薄弱的地区的数字化需求,推动宽带等基础设施全面覆盖上海,缩小城乡间数字化的鸿沟。

10.1.2 推动传统基础设施数字化

一是在传统基础设施上加装传感器。运用物联网技术,在传统基础设施如桥梁、房屋上添加一层数字层——内嵌的、网络化的传感器,获得以前很难定量化的服务数据。二是将传统设施替换为新的智能化监控设备。比如安装智能电表取代传统电表，使得电力供应商可以根据用电高峰和低峰的不同时间段制定不同电价，还能根据用电数据监测漏电情况。三是公路基础设施数字化。配合国家信息通信系统联网工程总体建设方案，形成一张大容量、高速率的数字光纤通信网，促进交通信息化的发展，提升行业管理和公众服务水平、增强应急管理能力。

10.1.3 加强数据立法和标准制定

一是加强隐私保护和数据共享。互联网所创造的价值潜力相当一部分来自数据共享，而这将引发用户对隐私安全的深切担忧。建立一套均衡的法规体系，明确企业可以共享的信息种类、获得许可的使用方式，以及消费者必须同意的信息类型，消除采用大数据的种种限制。如果政府向社会公开数据，则可起到巨大的示范效应。二是加快网络基础设施建设并制定标准。加快网络基础设施建设是让更多中国人可上网并让更多行业可以采用互联网技术的关键所在。云计算和大数据应用尤其需要足够的宽带，采用国际技术标准将有助于提高中国的竞争力和出口能力。

专栏 10.1　什么是“新基建”

2018 年底中央经济工作会议首提“新型基础设施建设”。2018 年底中央经济工作会议指出，“加快 5G 商用步伐，加强人工智能、工业互联网、物联网等新型基础设施建设”，“新型基础设施建设”的提法由此产生。2020 年开年首次国务院常务会议提出“出台信息网络等新型基础设施投资支持政策”。截至目前，已有 25 个省市的政府工作报告提及新型基建，其中 21 个地区表示推动 5G 建设与布局等相关工作，并有 8 个地区明确规划了年内计划新建 5G 基站的数量，合计约 27.6 万个。

什么是“新基建”？为方便理解和测算，我们可以把“新基建”理解为两个口径，一是狭义新基建（“重创新”），二是广义新基建（“补短板”）。为方便理解与测算，我们以两个口径对新基建这一概念作出阐释：

1. 狭义新基建

它指的是以科技创新、产业升级为核心领域的配套基础设施建设，这也是通常提到“新基建”大家所能联想到的几大领域。从政策文件、专项债细分项目、发改委批复情况等方面梳理，狭义“新基建”具体行业大致有以下几类：

（1）5G及相关电子信息领域配套设施（如物联网/车联网、人工智能如AI医疗等、大数据中心、云计算等）；（2）传统基础设施的信息智能改造领域（如智慧城市、智慧交通、智慧园区、智慧农业、智慧警务、智慧消防等）；（3）新能源新材料及其应用领域配套设施（如光伏、生物质能、清洁供热、垃圾发电、高端制造）；（4）无人化配套设施（如无人机、无人配送物流系统、无人化防疫系统）；（5）卫星太空基建等以及这些领域对应的园区项目；（6）医药园区；（7）军民融合产业园等科技行业专有园区。

2. 广义新基建

它包括了“狭义新基建”以及存量规模相对大部分传统基建行业较小，未来增量空间较大的领域，也就是所谓的“补短板”领域，通常为某传统基建领域的新兴细分子行业，主要有：

（1）交通运输短板领域（轨道交通、冷链物流等）；（2）能源行业短板领域（核电、特高压、充电桩、加氢站、锂电创新、工业供汽等）；（3）环保基建（污水处理、垃圾处理等）；（4）市政建设短板领域（停车场等）；（5）民生基建（公共卫生、教育、养老、医养结合等）；（6）特色小镇；（7）文旅配套设施;(8)现代农业园区;(9)旧改;(10)新旧动能转换园区等。

"新基建"占基建比重多少?我们粗略测算目前广义"新基建"在基建整体占比约在15%左右,比例较2019年显著上升,年内存在继续上行概率。

资料来源:广发证券宏观研究团队,《广义"新基建"占基建比重多少?》,2020年3月3日。

10.2 促进信息技术产业蓬勃发展

10.2.1 补齐基础技术短板

信息技术产业是一个各种细分产业相互关联度极高的产业,各个零部件的模块化组装,对全产业链的快速响应和生产能力提出了极高的要求。目前上海在信息技术产业还有很多基础技术的短板,基础能力的不足将使信息技术产业的进一步发展受到制约。一是要进一步加强对基础软件、核心芯片等基础性和关键共性数字技术的研发投入和产业化,综合运用产学研合作、政府和国防采购、财税鼓励政策等手段解决关键软件和系统、关键技术和工艺设备等"卡脖子"问题。二是以重大科技专项、制造业创新中心建设、工业强基工程等为依托,加紧突破基础性和通用性关键核心技术,构建安全可控的全产业链生产体系。三是以下游需求带动上游基础设备和零部件供应商在上海建立工厂,为下游产业的需求提供及时的产品和服务,实时满足终端需求。

10.2.2 构建自主可控的智能产业体系

着眼于构建自主可控的智能制造软硬件、网络和信息安全基础,平衡好推进智能制造和智能产业发展的时序，加快发展自主可控的智能软硬件和工业互联网基础设施，推动产业发展和市场应用形成良性循环。一是加强顶层设计，研究制定促进智能产业优先发展的相关政策。从普惠性的研发费用税前抵扣政策，重点领域急需紧缺人才培养和培训的支持，高科技人才所得税优惠激励等方面给予配套政策支持，促进关键共性技术研发和产业化应用。加快推进自主可控的操作系统及工业化软件体系化发展和产业化应用。大力支持工业互联网核心信息通信设备、工业级信息安全及设备研发和应用。二是推动智能技术、产业和智能制造应用的协同。深入推动装备、自动化、软件、数据、平台等不同领域、不同环节企业的协同创新，促进产业链上下游的协同应用，构建自主可控的智能产业生态。

10.2.3　重点加快集成电路产业发展

集成电路作为电子信息产业的核心大脑，是中国必须自主研发突破关键技术，实现规模化量产的产业。上海是中国集成电路研发和生产的重要基地，要重点发展集成电路产业。一是加快制定上海集成电路2025发展战略规划。通过战略规划和三年行动计划，进一步明确产业发展方向、发展路径和发展举措，聚焦优势领域、完善产业链条，优化全市集成电路产业布局，引导全市集成电路产业有序发展。二是进一步扩大产业基金规模。引导更多企业、金融机构及社会资本投入集成电路行业，通过LP、GP等开放合作方式，联合建立集成电路产业投资基金、VC基金和天使基金。三是强化对关键技术和核心产品的重大项目攻关。加大对设计、装备材料领域关键技术、核心产品的研发投入，开展关键技术和核心产品的重大项目攻关，防止在关键技术和设备上被国外“卡脖子”。四是积极推动本土产品的规模化应用。推动国家层面协调，更大力度地推广本土装备产品，在新建生产线时采购一定比例的国产装备，努力培育国产装备市场，形成良性的装备产业发展态势，打造集成电路产业领域的“上海制造”品牌，为中国集成电路产业安全作贡献。

10.2.4 扶持工业互联网企业发展

工业互联网是以数字化、网络化、智能化为主要特征的新工业革命的关键基础设施，加快其发展有利于加快智能制造发展，在更大范围内以更高的效率，更精准地优化生产和服务资源配置，促进传统产业转型升级，催生新技术、新业态、新模式，为制造强国建设提供新动能。一是建立高效率、低成本、广覆盖、低时延的网络环境。加快推动高速宽带网络基础设施建设与提速、降费，支持工业企业内外网建设与升级，构建高速率、广普及、全覆盖、智能化的下一代互联网。二是自主可控的安全技术环境。加强工业互联网核心关键技术攻关，特别是强化网络、平台、系统、数据安全技术保障。三是融合、协同的工业互联网应用环境。支持具备条件的大企业加快推动工业互联网与制造业现场的融合，提高设备互联、数据采集和综合集成能力。扶持海尔 COSMOPlat、树根互联等落户上海的优势企业发展，支持培育国际先进水平的工业操作系统，着力开发高效工业App，提升整合工业控制系统、通信协议、生产装备、执行系统、管理工具、各类工业软件等资源的能力，培育海量开发者和海量用户之间双向迭代的双边市场，推进工业大数据采集、存储、分析挖掘、可视化、安全保护等领域的关键技术研发应用。支持企业在内部业务集成的同时，向企业外部以及产业链上下游拓展，与为其提供配套的中小企业形成业务的数字化网络化协同。加快培育具有潜力的中小企业。针对目前工业互联网发展的重点需求，挖掘和扶持具有潜力的初创企业、中小企业，尤其是数据采集和分析领域的企业，加强针对性的政策扶持和公共服务供给。四是以平台为核心的创新生态环境。支持多层次、多元化的工业互联网平台创新发展（包括企业级平台、跨行业、跨领域平台，第三方公共服务平台等），促进同类平台的互联互通，形成系统化的工业互联网平台体系。以工业互联网平台整合创新、设计、制造和服务资源，促进协同创新与协同制造，培育工业 App 的创新应用。鼓励工业互联网平台在产业聚集区落地，加大财税支持、政府购买服务等力度，引导中小企业业务系统向工业互联网云端迁移，促进“建平台”与“用平台”的双向迭代。五是做强工业互联网产业联盟上海分联盟。充分发挥联盟的平台和纽带作用，强化整合和服务功能塑造，加强各成员单位间的联动合作机制建设，促进国际交流合作，推动打造工业互联网技术交流、成果对接平台，推动工业互联网在各行业的应用。

10.2.5　加强数字经济领域国际合作

数字化转型引导世界经济向更加开放与合作的方向发展。在数字技术推动的新一轮技术变革下，全球化和各国经济相互依存的程度将变得更高。上海应凭借数据资源潜力、数字基础设施和商业模式创新等优势，推动数字经济领域的国际合作和协同治理。一是支持数字企业“走出去”。庞大的网络市场规模是数字企业获得竞争优势的前提条件，要积极利用各种双边和多边投资贸易协议，为企业开拓海外市场和利用海外资源提供有利条件。二是加强数字产业国际标准和认证体系建设。充分发挥市场引领作用，在网络安全、数据跨境流动、数字贸易、工业互联网等方面积极寻求国际合作、推动上海标准中国化、中国标准国际化，提升上海在数字经济时代全球治理体系中的话语权。

10.3　加快新一代信息技术与实体经济的深度融合

10.3.1　支持龙头企业发展智能制造综合集成服务

加大力度支持上海电气、上海仪电等具备基础的龙头企业发展有国际竞争力、有架构体系的智能制造综合集成业务,形成行业发展引领。一是支持成立智能制造产业综合体。以细分行业内信息化、数字化发展基础好的若干龙头企业为发起人,吸引国内外制造企业、互联网企业和产业投资基金等战略投资和风险投资,以资本为纽带,组建股份公司等实体性质的智能制造产业综合体,着重协同各方力量,培育有竞争力的行业上下游链条和产业生态,引领推动行业智能化升级发展,为发展全领域覆盖的智能制造全球顶尖企业夯实基础。二是实施“领先供应商”计划。借鉴德国的经验做法,支持各龙头企业加强技术创新和集成,促进制造装备、工艺、产品和服务的融合发展,发展能够提供全流程综合解决方案的综合集成业务,支持装备制造企业提供世界领先的技术解决方案,打造全球领先的集成供应商。三是引导建立行业工业云服务平台。支持中国商飞、上汽集团、上海振华重工等龙头企业率先发展行业内工业云服务平台,支持构建重大跨界技术融合应用实验平台,开展工业互联网行业应用试点示范,建立更有凝聚力的产业联盟,推动关键技术合作攻关,提高上下游资源整合水平。

10.3.2 加快推动全产业链布局和集群发展

发挥和强化现有优势,着力补齐和催熟全产业链,促进智能制造业集群发展。一是加强数字设计和集成设计环节发展。支持企业在各自领域内开展工业技术与知识体系建模、全数字化设计开放环境建设,以及与国内外成熟工业软件的对接集成,提升全方案集成设计能力。二是支持服务创新和生产能力云化发展。鼓励制造企业在组织和管理方面向服务企业靠近,在商业模式上积极创新,鼓励建立供应链战略联盟,强化供应链内部资源配置和运营管理协同协作。三是支持项目向重点园区集聚。强化政策引导,推动智能制造产业项目向临港、松江等地在光仪电领域有较好基础、已形成智能制造相关产业基础的重点园区集聚,梳理目前存在的缺失环节，进一步提高审批和报建效率，在园区土地利用政策上进一步突破创新，鼓励建立高度专业化的服务平台，提升产业上下游配套能力。

10.3.3　推动制造业与服务业深度融合

一是以制造业服务化为抓手，推动制造与服务深度融合。提高以研发、设计、信息、知识、数据等为代表的服务要素在制造业投入和产出中的比重，鼓励全生命周期管理、整体解决方案、在线监测与维护、个性化定制、网络化协同制造、信息增值服务等制造业的服务化新模式。以制造业服务化来重塑制造业价值网络，推动产业升级，形成制造与服务互为支撑、融合发展的良性循环，壮大经济高质量发展的心动功能。二是把发展创新设计和定制化服务作为制造业服务化的重要突破口。充分发挥创新设计作为制造业服务创新的先导作用，综合运用新一代信息技术、先进制造技术、新材料技术、新能源技术等新科技革命的最新成果，对制造业产品、工艺和流程，以及制造和服务模式等进行集成创新设计，利用互联网整合资源，促进设计协同、人人参与设计。以家电、家具、服装、电子信息、装备等行业为重点，引导制造企业积极开展针对下游企业需求的新技术研发定制、新产品设计定制、新产品样式定制等生产定制化服务，以及直接面向终端消费者需求的产品定制化服务。大力推广基于互联网定制平台的众创定制、专属定制等创新模式，推动定制服务向高端定制、复杂零部件个性化定制转型，推动中国制造迈向产业价值链中高端。

10.3.4　加快促进传统产业的数字化转型

一是农业的数字化发展。以农业生产经营主体的需求为切入点，用新一代信息技术全面改造传统农业生产方式，充分利用大数据、物联网、自动化等技术和装备，形成数字集成化、高度自动化的数字农业决策系统，实现农业数据资源共享协作化发展。二是形成以消费者为中心的“新零售”和“新物流”。以数字化为核心驱动力，重塑产业生态链。企业的研发、生产、营销、物流等活动都以客户数据作为驱动力和决策依据，为客户创造高效便捷、个性化的购物体验。三是加快金融业的数字化转型。在支付、保险、零售、监管等金融领域加快技术更新，争当新一轮全球数字金融中心，引导和促进数字金融在本国的发展。四是在传统产业中创造各种新兴业态。以移动互联网、工业互联网、开源软硬件、3D 打印等新技术的应用，推动传统产业的组织创新、技术创新、业态创新和商业模式创新等。

10.4　建设适合新兴可贸易产业发展的软环境

10.4.1　通过制度创新构建开放型经济新体制

一是创新管理理念，形成符合新产业组织运行要求的产业治理体系。平台化、网络化跨界融合组织对传统的监管体系和产业治理提出了新的要求。研究构建符合互联网平台运行发展规律的监管模式，重点加强平台经济的关键共性问题、分类监管体系的引导支持政策的研究制定。针对跨界融合型新业态，在传统业态监管架构的基础上，重点加强部门的协同监管，明确各自监管边界和风险底线，提高监管技术手段和执法能力。二是推进市场准入清单制度试点，为新模式、新业态的尝试和发展提供广阔的试错空间，推动数字经济在金融、教育、文化、医疗等服务业领域的试点和应用。三是在包容性监管和强监管(精准监管)之间找到平衡。在新工业革命背景下，新技术、新产业、新业态、新模式不断涌现，极大促进了经济发展，但由于新经济模式尚未成熟，不排除发展初期不确定性、不规范因素引发系统性风险的可能。这对政府监管也提出了挑战，一方面要对新生事物加强监管，防止产生不可预料的后果；另一方面要以包容性对待创新，对于束缚创新的政策要在一定程度上放开，这就需要在包容性监管和强监管之间找到平衡，尤其对于信息不对称、新模式尚不明确的新经济需要采取包容性监管，并不断创新监管模式，动态追踪该领域的发展，不断调整监管模式。

10.4.2　加强新一代信息技术推广应用的软环境建设

一是加快推进新一代信息技术相关行业标准的制定和推广应用。加大市标准化推进专项资金投入，对参与国际、国家、行业标准制订的企业给予奖励，鼓励企业建立企业标准体系，调动广大企业研究标准、加强标准化工作的积极性。梳理已有标准，集中力量制定一批重点领域技术和产业发展的关键标准，建立标准化试验验证平台，确保标准的可行性、合理性，推动标准在重点行业的示范应用和落地推广。二是加强先进经验模式宣传推广。总结新一代信息技术与实体经济试点先进经验，进一步扩大宣传范围，召开现场交流会，鼓励支持试点示范企业将形成的经验模式在行业内推广。三是强化政策咨询服务供给。鼓励行业协会牵头成立专门从事相关政策咨询服务的咨询机构，采取市场化运作模式，为企业提供个性化的政策咨询服务，包括梳理企业符合条件的优惠政策、搜集企业能够申请的资金项目、帮助企业准备相关申请材料等政策相关服务。

10.4.3　分类施策，增强政府监管效果

新工业革命的几大重点应用领域如平台经济、智能制造、创新创业、互联网金融等具有各自不同特点，应针对具体产业形态和发展的不同阶段区别制定差异化监管政策。一是已成熟的模式需要严加监管。例如平台经济刚经历野蛮生产时代，监管滞后于发展，导致乱象丛生，如电商平台的假货、社交平台的信息泄露、出行平台的安全隐患、搜索平台的虚假广告等。经过数年发展，该领域发展模式的不确定性渐少，因此有必要采

取有效措施，制定行业标准规范，由包容性监管向强监管模式转变，需要对跨国平台公司进入中国发展加强安全性审查。二是传统领创新需要放松管制。代表着智能化和个性化的智能制造领域，本质上仍属于制造业，该领域的监管较为成熟，也比较严格，对于一些新的生产模式，需进一步放宽监管。三是新兴领域需要包容性监管。如双创领域的模式创新是新经济的重要组成部分，对于活跃经济功不可没，且其发展带来的风险较小，应减少行政干预，着力提升营商环境，采取包容性监管政策。四是有可能造成系统性风险的创新领域需要创造性监管。如互联网金融领域，模式新、发展快，风险也大，在当前防范系统性金融风险的大背景下，应借鉴英国、新加坡等国的成熟经验，以“监管沙盒”模式进行监管。尤其是在金融创新领域，需要加强跨国监管合作，防止出现跨国监管套利行为。人工智能、大数据、云计算的出现使得金融领域跨国套利变得简单，但产生的风险往往是全局性的，非常有必要通过全球合作建立监管框架，提高抗风险能力。

参考文献

Alvarez-Cuadrado, Francisco, Ngo Van Long, and Markus Poschke, 2012, *Capital-Labor Substitution, Structural Change, and Growth*, Manuscript, McGill University, Montreal.

Bah, El-hadj, and Josef C. Brada, 2009, "Total Factor Productivity Growth, Structural Change and Convergence in Transition Economies", *Comparative Economic Studies*, 51:421—446.

Barro, Robert J., and Xavier Sala-i-Martin, 1992, "Convergence", *Journal of Political Economy*, 100:223—251.

Betts, Caroline M., Rahul Giri, and Rubina Verma, 2011, "Trade, Reform, and Structural Transformation in South Korea", *Manuscript*, University of Southern California.

Boppart, Timo, 2011, "Structural Change and the Kaldor Facts in a Growth Model with Relative Price Effects and Non-Gorman Preferences", Working Paper 2, University of Zuerich.

Buera, Francisco J., and Joseph P. Kaboski, 2012, "Scale and Origins of Structural Change", *Journal of Economic Theory*, 147:684—712.

Carvalho, V., "Aggregate Fluctuations and the Network Structure of Inter-sectoral Trade", 2007, University Pompeu Fabra Economics Working Papers, No.1206.

Caselli, Francesco, 2005, "Accounting for Cross-Country Income Differences", *Handbook of Economic Growth*, Vol.1A, Amsterdam and New York: North Holland.

Charles, L., 2000, *The Creative City-A Toolkit for Urban Innovators*, Routledge.

Chenery, Hollis B., 1960, "Patterns of Industrial Growth", *American Economic Review*, 50:624—653.

Ciccone, A. 2002, "Agglomeration Effects in Europe", *European Economic Review*, 46(2):213—227.

Ciccone, A., and Hall, R. 1996, "Productivity and the Density of Economic Activity", *The American Economic Review*, 86(1):54—70.

Clark, Colin, 1957, "The Conditions of Economic Progress", 3rd., *London: Macmillan.*

Combes, P., G. Duranton, L. Gobillon, D. Puga, and S. Rous, 2012, "The Productivity Advantages of Large Cities: Distinguishing Agglomeration from Firm Selection", *Econometrica*, 80(6):2543—2594.

Combes, P., G. Duranton, L. Gollibon, and S. Roux, "Estimating Agglomeration Economies with History, Geology, and Worker Effects", 2010, *Agglomeration Economics*. University of Chicago Press, pp.15—66.

Da Rocha, Jos Maria, and Diego Restuccia, 2006, "The Role of Agriculture in Aggregate Business Cycles", *Review of Economic Dynamics*, 9(3):455—482.

De Gregorio, Givannini, and Wolf, 1994, "Terms of trade, Productivity, and the Real Exchange Rate", NBER Working Paper no. 4807.

Dennis, Benjamin N., and Talan B. Iscan, 2009, "Engle versus Baumol: Accounting for Structural Change using two Centuries of U.S.

Data", *Explorations in Economics History*, 46:186—202.

Desmet, K., E. Ghani, S. O'Connell, and E. Rossi-Hansberg, 2015, "The Spatial development of India", *Journal of regional Science*, 55:10—33.

Duarte, Margarida, and Diego Restuccia, 2010, "The Role of the Structural Transformation in Aggregate Productivity", *Quarterly Journal of Economics*, 125:129—173.

Durantan, G., and D. Puga, 2005, "From Sectoral to Functional Urban Specialization", *Journal of Urban Economics*, 57:343—370.

Echevarria, Cristina, 1997, "Changes in Sectoral Composition Associated with Economic Growth", *International Economic Review*, 38: 431—452.

Eckhout, J., R. Pinheiro, and K. Schmidheiny, 2014, "Spatial Sorting", *Journal of Political Economy*, 122(3), pp.554—620.

Florida, R., 2002, *The Rise of the Creative Class: And How It's Transforming Work, Leisure, Community and Everyday Life*, New York: Basic Books.

Foellmi, Reto, and Zweimueller, 2008, "Structural Change, Engel's Consumption Cycles, and Kaldor's Facts of Economic Growth", *Journal of Monetary Econoics*, 55:1317—1328.

Fukao, K., K. Ikeuchi, Y. Kim, and U. Kwon, 2011, "Do More Productive Firms Locate New Factories in More Productive Locations? An Empirical Analysis Based on Panel Data from Japan's Census of Manufactures", RIETI discussion paper, No.11068.

Glaeser, Edward L., Hendi K., Jose S., and Andrei S., 1992, "Growth in Cities", *Journal of Political Economy* 100:1126—1152.

Glaeser, L., and G. Resseger, 2010, "The Complementarity between Cities and Skills", *Journal of Regional Science*, 50 (1): 221—244.

Glaeser, E., H. Kallal, J. Scheinkman, and A. Schleife, 1992, "Growth of Cities", *Journal of Political Economy*, 100:1126—1152.

Harris, T., and Y. Ioannides, 2000, "Productivity and Metropolitan Density", Tufts University working paper.

Herrendorf, B., R. Rogerson, and A. Valentinyi, 2009, "Two Perspectives on Preferences and Structural Transformation", *NBER Working Papers*, No.15416.

Herrendorf, Berthold, and Akos Valentinyi, 2012, "Which Sectors Make Poor Countries so Unproductive?", *Journal of the European Economic Association*, 10:323—341.

Herrendorf, James S., and Arilton T., 2012, "The Role of Transportation in U.S. Economic Development: 1840—1860", *International Economic Review*, 53:693—715.

Herrendorf, James Schmitz Jr, and Arilton Teixeira, 2012, "The Role of Transportation in U.S. Economic Development: 1840—1860", *International Economic Review*, 53:693—715.

Hobijn, B., and B. Jovanovic, 2001, "The Information-technology Revolution and the Stock Market: Evidence", *American Economic Review*, 91:1203—1220.

Illeris, S. and J. Philippe, 1993, "Introduction: The Role of Services in Regional Economic Growth", *Service Industries Journal*, 13(2):3—10.

Jacobs, Jane, 1969, *The Economy of Cities*, New York: Random

House.

Kim, Robert T., 1995, "Labor Markets and Economic Growth: Lessons from Korea's Industrialization, 1970—1990", in *Differences and Changes in Wage Structure*, University of Chicago Press.

Kongsamut, Piyabha, Serigo R., and Danyang X., 2001, "Beyond Balanced Grwoth", *Review of Economic Studies*, 68:869—882.

Lee, Donghoon, and I. Kenneth, 2006, "Intersectoral Labor Mobility and the Growth of the Service Sector", *Econometrica*, 74:1—46.

Martin, P., T. Mayer, and F. Mayneris, 2011, "Spatial Concentration and Plant-level Productivity in France", *Journal of Urban Economic*, 69(2):182—195.

Matsuyama, Kiminori, 1992, "A Simple Model of Sectoral Adjustment", *Review of Economic Studies*, 59:375—388.

Michael Porter, 1990, "The Competitive Advantage of Nations", *Harvard Business Review*, 73—91.

Ngai, R., and C. Pissarides, 2007, "Structural Change in a Multi-sector Model of Growth", *American Economic Review*, 97(1):429—443.

Rosenthal, S., and C. Strange, 2004, "Evidence on the Nature and Sources of Agglomeration Economies", *Handbook of Regional and Urban Economics*, (4):2119—2171.

Storper, M., and J. Venables, 2004, "Buzz: Face-to-Face Contact and the Urban Economy", *Journal of Economic Geography*, pp.351—370.

Sveikauskas, L., 1975, "The Productivity of Cities", *The Quarterly Journal of Economics*, pp.393—413.

Yi, Kei-Mu, and Z. Jing, 2010, *Structural Transformation in an*

Open Economy, Manuscript, University of Michigan.

Yusuf, S., and Weiping Wu, 2002 "Pathways to a World City: Shanghai Rising in an Era of globalization", *Urban Studies*, 7:1213—1240.

[美]阿瑟·奥沙利文:《城市经济学》,周京奎译,北京大学出版社 2008 年版。

蔡昉:《中国经济增长如何转向全要素生产率驱动型》,《中国社会科学》2013 年第 1 期。

程大中:《收入效应、价格效应与中国的服务性消费》,《世界经济》2009 年第 3 期。

丁志国、赵宣凯、苏治:《中国经济增长的核心动力——基于资源配置效率的产业升级方向与路径选择》,《中国工业经济》2012 年第 9 期。

付凌晖:《我国产业结构高级化与经济增长关系的实证研究》,《统计研究》2010 年第 8 期。

干春晖、郑若谷、余典范:《中国产业结构变迁对经济增长和波动的影响》,《经济研究》2011 年第 5 期。

郭小东、刘长生、简玉峰:《政府支出规模、要素积累与产业结构效应》,《南方经济》2009 年第 3 期。

郭晔、赖章福:《政策调控下的区域产业结构调整》,《中国工业经济》2011 年第 4 期。

洪勇、苏敬勤:《发展中国家核心产业链与核心技术链的协同发展研究》,《中国工业经济》2007 年第 6 期。

胡翠、许召元:《中国服务业比重变化的因素分解——兼与日、韩的国际比较》,《数量经济技术经济研究》2012 年第 4 期。

黄群慧:《中国的工业大国国情与工业强国战略》,《中国工业经济》2012 年第 3 期。

李钢、廖建辉、向奕霓:《中国产业升级的方向与路径——中国第二产业占 GDP 的比例过高了吗》,《中国工业经济》2011 年第 10 期。

李钢:《服务业能成为中国经济的动力产业吗》,《中国工业经济》2013 年第 4 期。

历年上海市国民经济和社会发展五年计划纲要。

刘伟:《中国经济增长中的产业结构变迁和技术进步》,《经济研究》2008 年第 11 期。

卢锋、刘鎏:《我国两部门劳动生产率增长及国际比较(1978—2005)——巴拉萨-萨缪尔森效应与人民币实际汇率关系的重新考察》,《经济学(季刊)》2007 年第 2 期。

毛军、刘建民:《财税政策下的产业结构升级非线性效应研究》,《产业经济研究》2014 年第 6 期。

渠慎宁、吕铁:《产业结构升级意味着服务业更重要吗——论工业与服务业互动发展对中国经济增长的影响》,《财贸经济》2016 年第 3 期。

王德忠等:《上海科创中心建设"攻坚突破"的思路和抓手》,《科学发展》2018 年第 9 期。

徐诤等:《"十三五"上海产业结构调整升级基本思路研究》,《科学发展》2015 年第 5 期。

杨晓峰:《地方财政支出与产业结构优化的动态关联研究——基于 1999—2013 年中国省际面板数据模型的分析》,《财贸研究》2016 年第 2 期。

袁志刚、范剑勇:《1978 年以来中国的工业化进程及其地区差异分析》,《管理世界》2003 年第 7 期。

赵昌文等:《新工业革命的中国战略》,中国发展出版社 2018 年版。

周振华等:《城市转型与服务经济发展》,格致出版社 2009 年版。

周振华等:《上海:城市嬗变及展望》,格致出版社 2010 年版。

图书在版编目(CIP)数据

新时代上海产业结构升级问题研究/黄佳金著.—
上海:格致出版社:上海人民出版社,2021.4
(上海市人民政府发展研究中心博士后文库)
ISBN 978-7-5432-3233-4

Ⅰ.①新… Ⅱ.①黄… Ⅲ.①产业结构升级-研究-
上海 Ⅳ.①F269.275.1

中国版本图书馆CIP数据核字(2021)第038561号

责任编辑 张宇溪 程 倩
装帧设计 路 静

上海市人民政府发展研究中心博士后文库
新时代上海产业结构升级问题研究
黄佳金 著

出 版 格致出版社
上海人民出版社
(200001 上海福建中路193号)
发 行 上海人民出版社发行中心
印 刷 上海商务联西印刷有限公司
开 本 720×1000 1/16
印 张 8.75
插 页 4
字 数 110,000
版 次 2021年4月第1版
印 次 2021年4月第1次印刷
ISBN 978-7-5432-3233-4/F·1367
定 价 45.00元